T0283828

Yo amo el dinero
y el dinero me ama a mí

MARÍA JOSÉ FLAQUÉ

Yo amo el dinero y el dinero me ama a mí

Transforma tu sistema de creencias
y recibe la abundancia que mereces

Grijalbo

Penguin
Random House
Grupo Editorial

Primera edición: marzo de 2024
Primera reimpresión: junio de 2024

© 2024, María José Flaqué
© 2024, Penguin Random House Grupo Editorial, S. A. U.
Travessera de Gràcia, 47-49. 08021 Barcelona

Printed in Spain — Impreso en España

ISBN: 978-84-253-6720-5
Depósito legal: B-753-2024

Compuesto en Promograff - Promo 2016 Distribucions

Impreso en Liberdúplex
Sant Llorenç d'Hortons (Barcelona)

GR 6 7 2 0 5

En esta vida cambiarás tu historia.

No has venido a este mundo a juzgar
qué es espiritual y qué no lo es.
No has venido a este mundo a negarte tus sueños
y tus deseos más profundos.
No has venido a este mundo a sufrir por el dinero.

Has venido a ser feliz.
A amar tu vida.
A aprender las grandes lecciones que ha pactado tu alma.
A vivir una vida de paz, belleza y abundancia.

Es tu derecho divino abrirte a ser económicamente
próspera y, al mismo tiempo, tienes la obligación moral
con el mundo de no perpetuar el dolor colectivo
por causa del dinero.

Libérate del dolor, la dificultad y las limitaciones
relacionadas con el dinero.
Por ti, por los que vinieron antes de ti,
por las generaciones futuras
y por la madre tierra.

El dinero es una manifestación más
de la madre en todas sus formas.
Amar el dinero es amar la creación.

Bienvenida a *Yo amo el dinero*.

Índice

Introducción

Me gusta escribir la introducción de los libros al final. De este modo puedo compartir contigo las transformaciones que he vivido en el proceso de escritura y darte consejos de cómo puedes sacarle el máximo provecho al contenido. Además, a veces es más fácil ver las cosas en retrospectiva, especialmente cuando se trata de dinero. Observar los patrones de comportamiento en el pasado es lo que te abrirá a un mejor futuro con el dinero.

Hoy por hoy, mis consejos se quedan cortos para prepararte para la transformación que vivirás en este proceso. Una vez que descubras cómo construiste la idea mental que tienes del dinero, te plantearás cómo construiste tu realidad entera. Mi mayor consejo es que te muestres valiente durante el trayecto y entiendas que, al liberar esta energía, abres espacio para que la verdadera libertad entre en tu vida. No pierdas de vista tu meta final y por qué haces este trabajo. Recuerda que mereces todo lo que sueñas y que es posible transformar tu realidad económica.

El dinero ha sido mi gran maestro en este camino. En el proceso de escribir este libro tuve que dejar ir identidades, relaciones y creencias que limitaban mi crecimiento; soltar formas de percibir el mundo que se basaban en el miedo, mis traumas del pasado e inseguridades. Asimismo, me reveló las amistades, relaciones y situaciones que se basaban en transacciones energéticas no equitativas. Me enseñó áreas de mi vida en las que aún tenía miedo de brillar y ser auténticamente yo misma. Escribir este libro fue un proceso catártico de mucho dolor, crecimiento y también de abundancia y expansión. Muchas veces sentí resistencia y bloqueos con algunos de los conceptos y ejercicios. Pero puedo garantizarte que, como en todo proceso interno de transformación, el destino final siempre es más abundante, expansivo y lleno de luz de lo que imaginaste. Después de la oscuridad, siempre viene la luz. La sensación de libertad y paz que lo invade a uno cuando permite que el dinero fluya y llegue en abundancia a su vida es increíble.

El dinero me ha permitido descubrirme al máximo, sin restricciones. Gracias a él he podido viajar por el planeta, tener todas las experiencias que he deseado, dispensarme el cuidado propio y los regalos que me merezco, y expandir mi mensaje por el mundo. El dinero me ha mimado mucho en los últimos años y su amor ha sido incondicional, me ha acompañado en todas mis aventuras alrededor de la Tierra.

Hoy vivo en eterna devoción por esta energía y todo lo que me ha enseñado en los últimos años. He crecido con el dinero y me he hecho más fuerte de lo que era. Los grandes maestros que llegan a nuestra vida no solo son personas físicas; también pueden ser energías que acceden a ella para enseñarnos nuestra fuerza, nuestra valentía, y para revelar la verdad divina. Yo no sería la mujer que soy en la actualidad si no hubiera tomado la decisión de permitir que el dinero me enseñara el camino. Mi vida es el mayor testimonio de que estas herramientas y ejercicios funcionan. El concepto del dinero es una construcción mental y, si nos liberamos de estos códigos de creencias, el dinero fluye libremente hacia nuestra vida, igual que la creatividad.

Antes de continuar me parece importante mencionar que reconozco mi posición de privilegio en el mundo. Soy consciente de que vivimos inmersos en un sistema económico que no es justo ni equitativo para todas las almas del planeta. Tengo derechos y privilegios de los que carece un gran porcentaje de la gente, y he crecido en un país que me permitió tener la libertad de estudiar y crecer económicamente, algo vetado a muchas mujeres. Desde este reconocimiento de la realidad colectiva en la que vivimos también puedo ver la importancia del trabajo energético y la reprogramación de los sistemas de creencias que comparto en este libro.

A lo largo de milenios nos han hecho creer que el dinero es el responsable de la mayoría del dolor, el sufrimiento y la injusticia que ha vivido la humanidad. Por otro lado, también hemos aprendido que el dinero es placer, poder, lujuria y la fuente de la felicidad. Mediante este trabajo podemos descubrir el verdadero valor del dinero en nuestra vida y la verdad divina que hay detrás de él. El dinero puede transformar la realidad del planeta, y las personas conscientes pueden convertirlo en algo más equitativo, armonioso con la naturaleza y compasivo.

Antes de empezar

Ten paciencia y haz los ejercicios a tu propio ritmo. En estas páginas encontrarás herramientas energéticas poderosas que te permitirán liberar la energía de miedo, control y la escasez que has contenido en relación con el dinero durante tanto tiempo. Quizá no entiendas todos los conceptos la primera vez que los leas o tal vez sientas resistencia con ciertos ejercicios. Ten paciencia y compasión contigo misma y tu proceso. El concepto que tienes del dinero se ha ido construyendo a lo largo de toda tu vida, por lo que llevará tiempo cambiarlo y habrá un periodo de ajuste mientras aprendes. Las transmisiones del dinero que recibirás en este libro te ayudarán a facilitar este recorrido y abrirán tu campo para que pueda entrar más luz y abundancia. Ten paciencia con tu progreso; a veces los cambios más sutiles son los más poderosos.

Confía en el proceso. Esta obra se basa en el trabajo que he realizado con decenas de miles de mujeres en los últimos cinco años. Está diseñada y estructurada para reprogramar tu mente, abrirte a una nueva visión del mundo y limpiar tu campo energético de las memorias ancestrales que cargas con respecto al dinero. No te desanimes si no ves cambios inmediatos en tu realidad financiera: primero vienen los cambios energéticos y luego en la materia. Recuerda que tu mente es una herramienta poderosa y cada pensamiento que tienes te alinea con la persona que deseas ser o te aleja de ese futuro anhelado. No permitas que la duda o el miedo se interpongan en tu camino de transformación. Enfócate en lo que realmente quieres ver en tu vida y permite que la energía del dinero fluya hacia ti como resultado de tus esfuerzos.

El trabajo energético no es lineal. Mi labor es limpiar distorsiones, bloqueos y sistemas de creencias que te impiden conectarte con la verdad de quién eres y con la divinidad. Para esto trabajo energéticamente en planos donde no existen el tiempo ni el espacio como los entiende la mente humana. Por lo tanto, el trabajo energético funciona sanando y limpiando simultáneamente el pasado, el presente y el futuro en uno. Al no ser lineal, los cambios sanan situaciones que pueden haber ocurrido en tu vida e incluso transforman vidas pasadas y dolores ancestrales. Los resultados de este proceso se verán en la forma como respondes al mundo. Después del trabajo energético serás consciente de cosas que antes no veías y tomarás decisiones distintas. Cambiará tu manera de entender y ver el mundo, así como la historia que te cuentas sobre tu realidad. Luego, tus respuestas estarán alineadas con esa nueva versión de tu mundo.

Mantente hidratada y descansa. El trabajo energético que harás en este libro afecta también a tu cuerpo físico. Es importante que te mantengas muy hidratada, ya que el agua funciona como conductora de la energía, ayuda a eliminar toxinas y permite que la información fluya a través de tu cuerpo físico. Asimismo, es fundamental que descanses, tanto en el plano energético como físico, para que puedas integrar los poderosos cambios que estás haciendo. Si no descansas, la información se quedará atrapada en un campo muy mental y será más difícil que transforme tu realidad física. Asocia el descanso con expansión; visualiza que, cuando descansas, tu campo energético está procesando la información y llevándote hacia una nueva realidad económica.

Secciones de apoyo

En estas páginas encontrarás ejercicios que te ayudarán en el proceso de aplicar e integrar toda la información, como, por ejemplo:

Oro líquido son ideas, conceptos y códigos energéticos que contribuirán a que veas tu relación con el dinero de modo distinto. Son gotas de sabiduría que te revelarán alguna verdad escondida o un nuevo punto de vista sobre tu realidad. Te invito a complementar la lectura de este libro con un cuaderno especial para los ejercicios de «Oro líquido». A medida que leas encontrarás que salen a la superficie muchas creencias limitantes o resistencias. Anota todo ello en tu cuaderno para sacarlo de tu mente y abrir espacio para que pueda entrar nueva información. Pon la intención de que el cuaderno de reflexiones reciba y transmute todas las creencias limitantes que escribas en él y que expanda tus sueños y deseos. Mantén tu cuaderno en un lugar seguro y agradécele que reciba tus preocupaciones, dudas y obstáculos de este trabajo. Dale las gracias por estar recibiendo toda esta información mientras tú te das la oportunidad de conocer lo que la energía del dinero puede hacer por ti. Esto te permitirá relajarte y enfocar tu energía en disfrutar de todo lo hermoso que puede nacer de esta nueva relación con el dinero.

El juego de la vida. Estos ejercicios son importantes porque te ayudan a entender que la relación con el dinero es como un juego que se debe afrontar con alegría y fluidez, dejando ir las expectativas y las reglas tan rígidas que hay alrededor de esta energía. Disfruta de los ejercicios y recuerda que ni la vida ni el dinero deben tomarse demasiado en serio.

Transmisiones de la energía del dinero. Las transmisiones energéticas que encontrarás en este libro actúan como guías de integración para tu campo energético. La energía, los patrones y los sistemas de creencias a los que pondrás fin son invisibles a los ojos, pero muy reales en tu campo energético, y requieren ser activados e integrados. Leer con atención, presencia y real apertura estos textos que comparto contigo te permitirá conectarte con emociones y verdades muy profundas que quizá hayas olvidado. Esta información se traducirá de forma física en tu realidad. ¡Son mi parte favorita del libro!

Respira profundamente mientras lees este texto.

*La colectividad tiene implantado un sistema de
creencias que te hace pensar que tu realidad
depende de los factores externos.
Estas creencias han debilitado tu conexión divina.
Controlan tu mente.
Te han hecho creer que el tiempo, el dinero
y las estructuras sociales determinan tu realidad.
Has aprendido a seguir reglas y acatar órdenes.
Has entendido cómo funcionaba tu mundo externo
y te has adaptado a él.
Has aprendido el lenguaje de comunicación
y las reglas sociales.
Has moldeado tu mundo según las reglas de otros.
Has entrenado tu mente y creado patrones de
comportamiento, arquetipos e identidades.
Para pertenecer.
Para sobrevivir.
Para navegar por tu día a día.
Has asumido creencias para mantenerte segura
y encontrar tu felicidad.
Te has confundido.
Has olvidado.
Te has desconectado de los ciclos naturales.
De la madre.*

De tu poder personal.
De tu fuego interno.
Has olvidado lo poderosa que eres.
Despierta.
Es seguro abrir los ojos.
Todo ha sido un mal sueño.
Has olvidado quién eras por solo una fracción
de segundo.
En la eternidad de quién eres.
Pon el pasado, tus identidades, los condicionamientos
y los límites a un lado.
Separados de tu campo.
Tú escoges cuándo recurres a esas memorias,
identidades y sistemas de creencias.
Como una caja de herramientas con la que cargas.
Las sacas cuando las necesitas.
La vida es una transformación constante.
Llama a la energía de la valentía para que te apoye
en este proceso de transición.
Eres la responsable de tu vida.
En algún momento pactaste todos los eventos
como parte de tu evolución y crecimiento.
Los eventos en tu vida son tu creación divina
y perfecta.
Todo ha sido perfectamente diseñado
para tu expansión.

1

La energía del dinero

¿QUÉ ES LA ENERGÍA DEL DINERO?

El dinero se define como un «conjunto de monedas y billetes que se usan como medio legal de pago». Desde un plano energético el dinero es mucho más que monedas y billetes, en especial en el mundo en el que vivimos. Como aprenderás en este libro, el dinero es un conjunto de emociones, sistemas de creencias, construcciones sociales y transacciones energéticas que forman lo que conocemos físicamente como números, monedas y billetes.

El dinero, desde el punto de vista energético,
se define como una energía neutral
de transacción que amplifica y acelera
las manifestaciones en el plano físico.

Uno de los principios básicos del trabajo que harás en este libro es que absolutamente todo en este mundo es energía en movimiento que forma patrones. Luego, tu mente, tu cuerpo físico y tu campo energético filtran e interpretan estos patrones para formar la realidad proyectada. Tu sistema de creencias es el filtro por el cual ves, interpretas y sostienes la realidad que vives. La energía es el medio de comunicación del mundo. Tú te comunicas con otras almas y con tu entorno a través de la energía que emites y recibes en cada momento. También te comunicas con la madre tierra y recibes sus señales por medio de este mismo mecanismo. La mente interpreta estos patrones de energía de distintas maneras; por ejemplo, como algo que ves, como un pensamiento, una emoción o incluso una sensación física.

Tu relación con el dinero se transformará cuando tu mente reciba frecuencias e información que pueda interpretar mediante un nuevo sistema de creencias. La mente es maravillosa en analizar, interpretar, filtrar y entender esta realidad para mantenerte segura. No está diseñada para ver el futuro, pero sí para recopilar información del pasado que apoya la creación de ese futuro. Por ello el trabajo energético que harás en este libro puede parecer muy sutil, pero en realidad es sumamente poderoso. Te proporcionará la información que tu mente necesita para deconstruir sistemas de creencias y establecer nuevos patrones de referencia sobre el dinero.

Recuerda que el principio de toda creación ocurre en

el plano energético. La materia física es la última en revelarse y siempre viene después de la transformación energética. Por consiguiente, en lo sutil e invisible es donde lograrás atraer una mayor cantidad de dinero, una nueva realidad económica o los recursos económicos que deseas para apoyar tu propósito de vida.

Oro líquido

El paso más importante que puedes dar para cambiar tu realidad actual es tomar la decisión consciente de que quieres cambiar tu relación con el dinero. Decide que este es el momento en que tu relación con el dinero se transformará para siempre.

Las preguntas que comparto contigo a continuación te ayudarán a reflexionar sobre la decisión que estás tomando. Sé honesta contigo misma al responder, sin juicios ni filtros. Cuanto más honesta, más profunda será la transformación.

- ¿Qué miedos, resistencia, dudas u objeciones salen a la superficie cuando decides que vas a cambiar tu relación con el dinero?

- ¿Crees que es posible cambiar tu relación con el dinero con solo leer este libro?

- ¿Cómo de abierta estás a vivir una nueva realidad económica?

- ¿Cómo te sentirías si no hicieras el trabajo de transformar tu relación con el dinero?

—— Transmisión de la energía del dinero ——

Respira profundamente mientras lees este texto.

Conecta con tu corazón y la gratitud.
Lleva la atención a tu cuerpo físico.
Estás aquí.

Reconoce el esfuerzo que has hecho para llegar hasta aquí.
Para tomar la decisión de vivir una vida distinta.
Conecta con el deseo de transformación que tienes en tu corazón.
Reconoce tu valentía y fuerza.

Valentía para abrirte a una nueva visión del mundo.
Para sostener un nuevo sistema de creencias sobre el dinero.

*Para hacer frente a dudas, acabar con el dolor
y perdonar el pasado.
Para recibir el amor incondicional que está disponible
para ti en este momento.*

*Recibiendo información para elevar tu conciencia.
Para ver con claridad tu camino.
Conectando de manera más profunda con la madre
naturaleza y la creación.
Con los ciclos naturales.
Con la verdad de tu corazón.*

*Más allá del dolor, el sufrimiento y el miedo por
el dinero se halla tu realidad infinita.*

*Descubres quién eres cuando eres verdaderamente
libre.
Libre de sistemas de creencias, condicionamientos
y limitaciones económicas.
En el espacio de total rendición.*

Revelando la profundidad de quién eres.

*Revelando tu corazón.
Tu sistema de valores.
Tu sabiduría interna.*

*Permitiendo que tu luz se expanda por todo
el planeta.*

*Libre.
Alineada con el amor, la verdad, la justicia,
la compasión y la generosidad.
En gratitud por la vida.*

*Respirando hondo conecta con tu corazón
y el sentimiento de gratitud en tu corazón.
Inhalando y exhalando profundamente.*

Tómate unos minutos para integrar toda la información
que has recibido hasta ahora y no olvides beber mucha
agua para integrar físicamente esta información. Confía
en que, aunque en este momento no puedas ver de una
manera tangible el trabajo energético, la información
está ahí y la realidad física se acomodará a ella en el tiempo divino.

2

Las bases de la alquimia del dinero

EL DINERO TE DA LIBERTAD

La lectura de este capítulo te ayudará a reconocer los sistemas de creencias, las asociaciones y los conceptos que has generado alrededor de la energía del dinero y que forman tu realidad. El hecho de reconocer estos patrones abrirá espacio y creatividad para que sientas más libertad de explorar qué quieres crear en el mundo con la energía del dinero y, por ende, un mayor flujo de energía de dinero en tu vida.

Cierra los ojos durante un segundo y toma una respiración profunda.

Ahora, imagínate que puedes crear cualquier cosa en el mundo sin la limitación del dinero. ¿Qué crearías? ¿Qué idea, proyecto o producto aportarías? ¿Qué problemas solucionarías? ¿Qué energías verterías sobre él a través de tus creaciones?

Cuando te liberas de las asociaciones y creencias limitantes alrededor del dinero eres realmente libre de crear. Puedes compartir tus verdaderos sueños, creaciones y deseos sin un factor que lo limite. También puedes descubrirte mejor a ti misma y lo que prefieres vivir, comprar y experimentar en este mundo. El dinero ya no se vuelve un obstáculo para lo que quieres hacer o lograr. Absolutamente todo es posible para ti. En este espacio de libertad comienzas a descubrir quién eres más allá de las creencias, los obstáculos y las limitaciones económicas. Cuando permites que la energía del dinero fluya, obtienes libertad absoluta y se abre un nuevo abanico de posibilidades por explorar.

Por ejemplo, sin la limitación del dinero puede que descubras que amas viajar durante todo el año a lugares lujosos y exóticos o quizá descubras que quieres tener una casa con vistas al mar y que se convierta en tu hogar permanente durante el año. Sin la limitación del dinero puedes permitirte la ropa que siempre has querido, las experiencias, los viajes, las casas y los lujos que antes te parecían imposibles. Esto no significa que debas tenerlo y comprarlo todo, acumular cosas materiales. El dinero no te obligará a hacer algo que no quieres hacer; simplemente te permitirá hacerlo. Tú decides si quieres mucho dinero y una vida sencilla, si quieres donarlo todo a obras de caridad o si quieres vivir el estilo de vida que deseas.

El dinero no juzga tus decisiones; simplemente te da el espacio y la libertad para que puedas descubrir quién eres más allá de las creencias, los obstáculos y las limitaciones económicas.

El dinero también te ayudará a descubrir cuáles son tus valores, quién eres frente al poder y el éxito, y lo que harías con tu riqueza. Te ayudará, asimismo, a ver cómo tus decisiones tienen un impacto sobre el mundo y que el dinero consciente puede transformar la economía planetaria.

Recuerda: «Cuando crees que se trata del dinero, nunca se trata del dinero».

Se trata de tu expresión en el mundo. De tu creatividad. De tus valores y de tus aportaciones al planeta.

¿Lista para olvidar todo lo que has aprendido del dinero y ver el mundo desde otro prisma? Estoy muy emocionada de acompañarte en este camino y comprobar lo que el dinero puede crear en tu realidad.

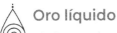

Oro líquido

El dinero consciente tiene el potencial de transformar el mundo. ¿Qué harías o crearías en el mundo si no tuvieras restricciones de dinero?

El juego de la vida

Busca un restaurante de un hotel de lujo al que nunca hayas ido, por temor a que sea muy caro o se salga de tu presupuesto, y reserva para ir a almorzar o cenar allí. Haz un ritual alrededor de ese momento: agradece y honra tu valentía al salir de tu zona de confort. Convence a tu mente de que es algo normal para ti: ponte divina, arréglate el pelo y actúa como una persona que a diario acude a ese restaurante. Si es realmente demasiado caro para ti, busca un hotel en el que puedas tomarte un café por la tarde: te sentirás igual de abundante. Si te parece que las situaciones que se plantean en este ejercicio no tienen que ver con tu realidad, busca una experiencia que consideres que sí está limitada por el dinero y llévala a cabo. El objetivo de este ejercicio es que salgas de tu zona de confort y busques la libertad más allá de las limitaciones del dinero.

Las bases del trabajo energético

En esta sección te explicaré el significado de algunos conceptos claves que utilizaré en el trabajo energético de este libro. Aprenderás qué son los códigos y los patrones energéticos, las activaciones, el proceso NPA y el ciclo base de la alquimia del dinero. Trabajarás mucho con sistemas de creencias, visiones y paradigmas del mundo, y con asociaciones que haces con el dinero. Es importante que conozcas estos conceptos, ya que cuando trabajes en desprogramar tu relación con el dinero y construir una nueva te será mucho más fácil integrarla y vivirla desde esta nueva visión. Mi propósito en esta sección es que observes que nada de lo que crees sobre el dinero o la visión del mundo que posees define tu relación con él, que eres libre de cambiar de opinión y visión en este preciso momento si así lo deseas.

Te invito a trabajar en esta sección desde este paradigma:

Si supieras que tu éxito con el trabajo energético que harás en este capítulo está cien por cien garantizado, ¿con qué actitud te presentarías a estos ejercicios?

Tu éxito con el trabajo energético está garantizado. Hecho está, hecho está, hecho está.

¿QUÉ SON LOS CÓDIGOS Y LOS PATRONES ENERGÉTICOS?

Toda la realidad se ha creado por energía en movimiento que contiene una frecuencia e información únicas, las cuales generan los patrones de pensamientos y el mundo externo que ves y percibes.

Por ejemplo, cada letra de este texto está escrita en la pantalla del ordenador de tal manera que forma un conjunto de palabras en el idioma que yo, como autora, he escogido. Luego, las frases que se construyen a partir de estas palabras explican una idea que también yo he concebido. Así, con cada pensamiento, palabra y frase he ido creando un libro que contiene una idea y un concepto que se transmite cuando tú, lectora, lo lees. Este libro se transforma en una frecuencia específica que es entregada al campo a través del arte de la escritura. Este libro se transforma en un objeto que emite una frecuencia sobre el campo, muy similar a las obras de arte, que evoca una respuesta emocional en ti. Toda la creación funciona de manera similar. De este modo, se va tejiendo una red compleja de información en el campo que contiene patrones y frecuencias que proporcionan información sobre el entorno y que después son interpretadas por la mente. A este conjunto de energías con información lo denominamos «código energético».

Un **código energético** es un conjunto de energías compuesto por frecuencias, sistemas de creencias, emociones y percepciones del mundo. Puede ser expansivo, ayudándote a crear una realidad más próspera y libre, o puede ser limitante, con el que sentirás que estás en la escasez, el miedo o la limitación. Este código no es físico; sin embargo, su información sí puede traducirse de forma física en el mundo.

Cada país, sociedad o grupo de personas comparte gran cantidad de códigos energéticos que forman el entendimiento de la realidad que los rodea, el filtro de su vida y la manera en la que responden a su mundo. Estos códigos entregan información que ayuda a las personas a relacionarse, expandirse y crecer exitosamente. Hay códigos de comportamiento, sistemas de creencias y perspectivas del mundo que son necesarios para la evolución de la sociedad y el bienestar de todos, así como también hay códigos que complementan la experiencia humana y que son opcionales como parte de esta experiencia. Con independencia de si un código es necesario u opcional, está asimismo presente en el campo de la conciencia colectiva.

Es importante que sepas que no tienes que estar de acuerdo con la información que un código transmite o vivir bajo su paradigma para que este se halle en tu campo. Puede haber ideas y formas de comportamiento que no compartas, no te representen o que incluso te molesten. También puede haber formas de entender el mundo con las que disientas o, al contrario, con las que te identifiques. Un código está presente en la conciencia colectiva independientemente de tu opinión sobre él. No obstante, cuando muchas personas están de acuerdo y viven en función de un código, este se fortalece en la conciencia colectiva, y eso es importante. Por ejemplo, un idioma o una religión son códigos de información y energía que se fortalecen cuando un grupo de personas lo replica, comparte y expande. Cuantas más personas sostienen esta frecuencia, más prevalece en la conciencia colectiva. Por eso a veces es más fácil cambiar ciertos sistemas de creencias sobre el dinero que otros. Exploraremos las creencias relativas al dinero y la conciencia colectiva en los capítulos siguientes; de momento quédate con la idea de que los códigos se hallan en todo lo que te rodea.

Oro líquido

¿Existen códigos en tu país, tu cultura o tu grupo de pertenencia que sientes que no resuenan contigo? ¿Qué códigos que forman parte de tu vida te enorgullece apoyar y compartir con otros?

El código del dinero es relativo

Como has leído, en tu entorno estás rodeada de muchos códigos energéticos invisibles, algunos grandes e importantes en tu vida y otros mucho más sutiles y menos influyentes para tu realidad. El idioma, las tradiciones y la forma de comportamiento de una sociedad son códigos que se aprenden desde la infancia, y los continúas replicando y fortaleciendo a través de su uso diario. Tu manera de relacionarte con el dinero también es un patrón aprendido. Por ejemplo, si naciste y vives en Japón, seguro que tienes una visión del mundo y un sistema de creencias sobre el dinero, el ahorro, la inversión y la riqueza muy distinta de los de una persona que nació y vive en Arabia Saudí, Nigeria o Bali. Algunas culturas ahorran más que otras; en unas es normal hablar de cuánto dinero ganas y en otras es un tema tabú; algunas hacen alarde de la riqueza y del lujo, y otras son más discretas en este sentido. Cada país o región del planeta, cada cultura, cada grupo de pertenencia —familiar, de amistad, de la comunidad…— tiene una forma propia de ver el mundo. Así pues, la opinión y relación con el dinero dependerá en gran medida de qué es socialmente aceptable y conocido en un rincón concreto. No todo lo que piensas, crees o entiendes actualmente acerca del dinero viene de una sola fuente de información; muchas formas de relacionarse con el dinero dependen del entorno. La visión del dinero siempre es relativa.

Oro líquido

¿Cómo ve tu país, cultura o grupo de pertenencia el dinero? ¿Qué es socialmente aceptable y qué no? ¿Qué se cree sobre el trabajo, el ahorro, la riqueza y la inversión?

Descubriendo los códigos de la familia y tu grupo cercano

Así como hay códigos del dinero en la conciencia colectiva, también hay códigos dentro de un sistema familiar. Estos códigos específicos están compuestos por la manera en que la familia se relaciona internamente, la comunicación entre ellos, los sistemas de creencias que sostienen sobre el dinero o la vida, las historias heredadas, lo que ha ocurrido económicamente en el entorno familiar, lo que cada persona cree que es posible vivir y experimentar, y su capacidad de soñar en grande.

Por ejemplo, en mi familia nunca se habla de dinero en público y se me enseñó a no hablar de cuánto cuesta algo o cuánto gano. Este fue uno de los condicionamientos más fuertes que tuve superar para poder enseñar sobre el dinero. Tenía la creencia de que, si compartía asuntos del dinero, otros iban a creer que era poco humilde, creída o que solo me interesaba ganar dinero para mi propio beneficio, por lo que me daba vergüenza hablar de ello. Irónicamente, es solo a través de mi ejemplo de vida y de emprendedora como puedo inspirar a otras mujeres a soñar en grande, a crecer y a romper sus bloqueos alrededor del dinero. En efecto, a través de mi ejemplo te muestro que es posible para ti, de manera que, si no comparto mi camino, no puedo inspirarte a transformar tu relación con el dinero.

Con tu pareja, tu grupo íntimo de amigos, tus compañeros de trabajo…, también hay códigos únicos alrededor del dinero, los cuales están compuestos por la forma de relacionarse, los temas de interés, las percepciones del mundo y las historias vividas. Por ejemplo, quizá en tu grupo de trabajo el tema del dinero tiene que ver con la competencia y el poder. Dentro de tu grupo de amigas puede que surjan celos o resentimiento hacia quienes tienen unos ingresos altos o quizá entre todas os apoyáis y motiváis a ganar más dinero. Observa cómo se habla del dinero en tu círculo más cercano. Identifica si tú respaldas algunas de esas creencias o si opinas distinto. En los siguientes capítulos ahondaremos aún más en el tema de las relaciones y el dinero; por ahora solamente toma nota de las similitudes y diferencias, observando que son todas percepciones y creencias. Esta observación consciente es la clave de la transformación que haremos juntas alrededor del dinero.

Oro líquido

¿Cómo ve tu familia el dinero? ¿Cómo es la dinámica entre tus amigas en torno a él? ¿Cuál es el código de conducta sobre el dinero en tu trabajo? Si mantienes una relación de pareja, ¿cómo es la relación entre los dos y el dinero?

Los códigos que recibirás en este libro

En los últimos años me he dedicado a compartir códigos sagrados, expansivos y abundantes del dinero con el mundo. Como has leído más arriba, estos códigos no son físicos, tampoco instrucciones, y no te dicen lo que tienes que hacer para ganar más dinero ni cómo invertirlo. Al contrario: estos códigos son invisibles para los ojos físicos y los verás reflejados físicamente en tu realidad como un espejo.

Reconocerás los códigos a través de tu respuesta a las situaciones que vivas con el dinero, las interacciones con tus clientes o tus amigos, el crecimiento de tu negocio, los regalos que recibas o la cantidad de dinero que entre en tu vida. Los reconocerás cuando veas que tu respuesta al mundo es próspera y expansiva, tal vez completamente distinta a la que era antes. Por ejemplo, antes de reconocerlos quizá ver a tus amigas disfrutando de unas vacaciones te generaba envidia o frustración y ahora te genera inspiración. Mediante los retos, las dificultades, las decisiones, las interacciones y las relaciones verás el cambio y tu transformación con el dinero a nivel energético.

Recuerda, tu realidad externa siempre refleja lo que sostienes en tu campo energético; así, un cambio en tu código del dinero creará un cambio en tu realidad externa. Yo amo mi código del dinero y es lo que rige mi vida personal, mi estilo de vida y mis decisiones económicas. Mi código establece los límites sanos alrededor del dinero y las relaciones con otros. Y, sobre todo, mi código no carga con las historias, las creencias y la visión del mundo del pasado que me limita. Compartiré contigo mis códigos del dinero a través de los ejercicios y la frecuencia que sostengo cuando escribo este libro. Como de todo lo que he compartido con mis lectoras en mi trayectoria como autora, coach y guía, de lo que te cuento toma lo que te sirve y entrega a la divinidad lo que no resuena contigo. Tienes el poder de decidir cómo quieres vivir y qué quieres creer; no estás en la obligación de compartir mi visión del mundo y del dinero. La riqueza de este mundo está en la creatividad, las culturas, las opiniones y los estilos de vida de los miles de millones de personas que habitan el planeta. Te invito a que hagas los ejercicios, reflexiones sobre mis palabras y encuentres un código del dinero único para ti, tu propósito de vida, tus valores y tus sueños.

Descubrimos nuestra verdad en la exploración de nuestro mundo interno y externo.

El juego de la vida

Este ejercicio es sumamente poderoso para observar la respuesta de tu entorno al sistema de creencias alrededor del dinero. Durante un día completo di al menos cinco veces en público y en voz alta «Amo el dinero y el dinero me ama a mí». Pronuncia las palabras con la misma confianza y amor que utilizas cuando describes la relación con tu pareja, tu familia, tu mascota o tus hijos.

Observa si te cuesta pronunciarlo y la respuesta de las personas de tu alrededor al escuchar estas palabras. ¿Has sentido vergüenza o incomodidad al decirlas? ¿Cuál fue la reacción de esas personas? ¿Se incomodaron o sonrieron? ¿Hubo algún comentario?

¿QUÉ SON LAS ACTIVACIONES ENERGÉTICAS DEL DINERO?

En el campo de infinitos potenciales tienes disponible todas las energías divinas y siempre puedes escoger con cuál te conectas. Todos los seres humanos mantienen una conexión innata con la fuente de toda la creación y todas sus manifestaciones. Pero, muchas veces, este conocimiento se olvida debido a los condicionamientos de la sociedad o el mundo tan tecnológico en el que vivimos. Una activación energética despierta frecuencias específicas latentes o dormidas en tu campo energético, por ejemplo con la energía del dinero. Las activaciones energéticas son muy poderosas porque trabajan en distintos planos de la realidad y niveles de la energía.

Las activaciones del dinero que recibirás en este libro te ayudan a limpiar, despertar y purificar tu campo energético para que puedas relacionarte con el dinero desde un espacio de amor, siendo una observadora consciente de tus sistemas de creencias y escogiendo qué quieres experimentar y crear en el mundo.

Últimamente las activaciones se han convertido en mi instrumento favorito para transformar los patrones de pensamientos y la realidad económica de mis alumnas por su rapidez, eficacia y suavidad. Con el trabajo energético y descargando códigos de luz alineados con mi verdad he podido manifestar millones de euros y transformar mi realidad económica en poco tiempo cronológico. El poder de estas activaciones está en lo sutil; por ejemplo, después de una activación energética puede que sientas menos carga emocional alrededor de un recuerdo de la infancia sobre el dinero. La energía densa que existía se ha reducido en intensidad y ahora puedes ver la situación que vives con más compasión y perdón. La activación no ha transformado lo ocurrido, pero sí ha modificado cómo te sientes en relación con eso que ocurrió. No subestimes el poder que el trabajo energético tiene en tu campo: recuerda que la energía está presente más allá del tiempo y el espacio como los conoces, por lo que, con el poder de la intención y la energía, es posible sanar el pasado desde el presente.

Una vez que recibes las activaciones y los códigos de este libro es tu responsabilidad acomodar tu realidad a lo que deseas vivir. La integración del trabajo energético y la corrección de los patrones de percepción de la realidad son importantes y a veces requieren tiempo. Puedes comparar este trabajo con tomarte una pastilla para el dolor. Por ejemplo, si padeces dolores de cabeza por exceso de estrés, una pastilla quizá te ayude a aliviar el dolor, pero no corregirá el origen del dolor (en este caso, el exceso de trabajo, estrés y preocupaciones). Una vez que la pastilla acabe con el dolor, es tu responsabilidad trabajar en la causa para que esa dolencia no sea recurrente ni menoscabe tu calidad de vida.

Las activaciones funcionan de manera similar a este ejemplo: te ayudarán a corregir patrones y arrojar luz donde hay oscuridad. No obstante, es tu responsabilidad tomar las acciones alineadas que sostendrán esos patrones en el tiempo y que, efectivamente, transformarán tu situación económica. Algunas de esas acciones alineadas pueden ser poner límites sanos, tener conversaciones difíciles, cambiar de trabajo, cambiar patrones de deuda o gastos excesivos, escoger salir del patrón de víctima o pasar a la acción en tus sueños. A medida que avances en la lectura de este libro, verás qué decisiones alineadas con el dinero debes tomar para que su energía fluya libremente hacia tu vida.

Lo maravilloso de este trabajo que harás es que los cambios los llevas contigo de por vida y solo te traerán una realidad más expansiva y próspera. Estarás en una posición de liderazgo sobre tu vida y tu entorno económico que te aportará una capacidad increíble de observación y acción positiva frente a los retos. Por ejemplo, podrás observar los cambios económicos en el mundo o los retos personales que puedas estar viviendo y sabrás cómo responder frente a ellos aprovechando positivamente las posibilidades económicas disponibles para ti. Recuerda que el principio de toda manifestación física viene del plano energético. Cuando entiendes cómo funciona el dinero en este plano, podrás aplicar fácilmente este conocimiento para alinear tu realidad física.

EL CICLO BASE DE LA ALQUIMIA ENERGÉTICA DEL DINERO

Todos los seres humanos tenemos la capacidad de invocar distintas energías para compartir con el mundo. Por ejemplo, si te pido que en este momento pienses en una situación en la que sentiste enojo o frustración con respecto al dinero, podrás conectarte sin dificultad con eso que ocurrió y sentir ese enojo o frustración en tu cuerpo físico. Por otro lado, también podrás conectarte con la energía de la gratitud por todas las bendiciones materiales que has tenido en tu vida y automáticamente sentirte más ligera y en paz. Las energías son pasajeras y siempre se hallan en movimiento; tú decides cómo respondes a ellas y si optas por sostenerlas y cultivarlas o permitirles seguir.

No conectes con una frecuencia específica con respecto al dinero solo para estar en sintonía con las personas que te rodean o con la conciencia colectiva. Tú escoges qué energía quieres traer a tu campo energético para crear tu experiencia con el dinero y también cómo quieres utilizarla. Es tu decisión elegir qué frecuencia quieres compartir con el mundo en todo momento. Por eso es tan importante ser consciente de las frecuencias que canalizas y lo que invocas a tu campo. Cuando no eres consciente de tus acciones, puedes estar trabajando con frecuencias como la escasez, el miedo y la limitación sin darte cuenta. Por ejemplo, cuando existe el miedo colectivo por una crisis económica o la creencia de que el dinero es difícil de ganar, esto puede introducirse fácilmente en tu campo energético sin que te des cuenta y hacerte creer que esa es tu verdad. Entras en un juego de creer, repetir y validar lo que has oído, aunque quizá no seas consciente de que lo que estás diciendo es aprendido o son creencias ajenas. Si te escuchas decir frases como «No es posible para mí ganar más dinero», «Es difícil ganar dinero», «Es imposible cambiar mi situación económica dado el país en el que vivo», «Pensarán que soy egoísta», «Generaré envidia», «La gente con dinero es mala» y similares, puede que estés repitiendo creencias que has oído en el campo colectivo sin percatarte. Estas creencias se hallan lejos de la verdad divina y no apoyan la realidad que deseas tener con el dinero. Escoge conscientemente observarlas y decide sintonizar con un sistema de creencias más expansivo y rodearte de frecuencias que te apoyen, como la frecuencia con la que has sintonizado aquí.

Oro líquido

Observa qué creencias o frases limitantes respecto al dinero repites sin ser consciente de que lo haces, especialmente las que se hallan en el campo de la conciencia colectiva. ¿Son realmente tu verdad y el pilar de la relación que quieres tener con el dinero? Anótalas y, con mucho amor y gratitud, toma la decisión de dejarlas ir.

Cómo interrumpir patrones limitantes y transformar la energía del dinero

Tengo una buena noticia: transmutar la energía del dinero para pasar de la escasez, la limitación o el miedo al amor, la abundancia y la expansión es muy fácil. He creado un proceso que he utilizado en miles de mujeres, y sus resultados son increíbles.

El proceso que utilizaremos para interrumpir el ciclo de patrones de pensamiento limitantes y transmutar la energía densa del dinero es el siguiente:

1. Recibes un código energético en tu realidad (compuesto por emociones, frecuencias e información). Este código viene de tus padres, de la colectividad, de las redes sociales o de un libro.

2. Tu mente interpreta este flujo de energía y lo filtra basándose en el sistema de creencias que sostienes sobre tu mundo.

3. Tu tercer ojo lo revela como una película frente a ti.

4. Esa realidad que tienes ante ti es validada por tu mente, por tus emociones y por tus cinco sentidos: «Efectivamente estoy viviendo esto». No hay dudas en tu mente de que esa es tu realidad.

5. Luego tu voz describe su entorno a la perfección, contando la historia que te cuentas sobre tu vida y entregando esta frecuencia de nuevo al campo.

6. Te cuentas a ti misma y a otros una historia sobre tu realidad, y generas una emoción en respuesta a todo lo que dices sobre dicha realidad; después emites una frecuencia alineada con esta historia de vuelta al campo.

7. El ciclo continúa en la misma frecuencia y con el mismo patrón mientras sustentes el mismo código del dinero en tu realidad.

A mí me encanta este ciclo de transmutar la energía del dinero porque ofrece una forma sencilla de entender cómo puedes mejorar tu realidad económica. Como ves, es importante ser muy consciente de las creencias, las historias, las emociones y las frecuencias que entran en tu campo sobre el dinero y lo que tú misma te cuentas sobre tu realidad económica. La buena noticia es que es posible cambiar este flujo, y un pequeño giro de percepción puede transformar tu realidad entera para siempre.

Cómo interrumpir el ciclo limitante del dinero y cambiar la frecuencia

Uno de los factores que más me ayudaron a aumentar mis ingresos fue el ver las posibilidades en las mujeres de mi alrededor. Logré estar donde estoy hoy porque hubo mujeres que creyeron en mí y que también me inspiraron a ganar dinero en mi negocio. Si quieres generar más ingresos, uno de los ciclos de limitación del dinero más importantes que debes romper es el de mirar con envidia, celos o crítica a las mujeres que ganan dinero en sus negocios de manera honesta y con mucho esfuerzo.

Te doy un ejemplo sencillo de cómo puedes interrumpir este flujo y utilizar la energía de las personas de tu entorno como inspiración para tu crecimiento económico.

Utilizaremos el ejemplo de observar en las redes sociales a mujeres a las que admiras y que generan ingresos honestamente y con amor a través de su negocio.

Si tu punto de referencia en el momento en el que miras estas cuentas es la envidia o la crítica, tu punto de inicio será la frustración y la limitación. Si, además, sostienes un sistema de creencias que te hace pensar que vivir esto no es posible para ti o que por tu situación actual es muy difícil ganar dinero, toda tu realidad externa lo validará. Tus emociones, tus palabras y la manera en la que describes tu mundo estará en consonancia con las emociones de frustración, limitación y envidia que sientes.

De forma natural y ansiando un equilibrio, tu mente buscará personas y situaciones que validen tu creencia sobre las mujeres que admiras. Sin darte cuenta, buscarás amistades que también las critiquen o mujeres emprendedoras cuyos negocios sean precarios. De este modo tu entorno validará tu sistema de creencias y tu percepción del mundo.

Por otro lado, la frecuencia que estás emitiendo al campo en cada conversación sobre estas personas que admiras reciclará esta frecuencia, lo que agrandará aún más el ciclo de limitación económica en tu propia vida.

Algo que he aprendido en todos estos años como emprendedora y generando mis propios ingresos es que mi opinión o creencia limitante sobre el dinero no cambiará la realidad de la persona a quien estoy juzgando. Esa persona continuará viviendo su vida próspera y generando dinero independientemente de lo que tú opines. Por lo tanto, la única que se está dañando y limitando con este sistema de creencias eres tú.

Te puedo contar por experiencia propia que he recibido muchas críticas por mi estilo de vida en los últimos años. He leído mensajes que critican mis exclusivos viajes, mi decisión de viajar en primera clase o la manera en que invierto mi dinero y vivo mi vida. También he leído críticas sobre lo que decido cobrar por mi tiempo, mis servicios o mis programas. Pero, por otro lado, sé que he inspirado a miles de mujeres a vivir una vida más próspera y a generar dinero en sus negocios.

En un principio, cuando leía estos comentarios sobre mi estilo de vida o mis decisiones personales, sentía dolor y ganas de no mostrar mi vida en las redes sociales. Sin embargo, decidí romper este ciclo de creencias limitantes porque sé que es importante inspirar a otras mujeres a seguir también sus propios sueños. Nuevamente, yo no estaría donde estoy hoy si otras mujeres no hubieran abierto el camino para mí. Siempre tenemos la posibilidad de elegir dónde poner nuestra atención y qué creer sobre la vida. Yo interrumpí el ciclo de limitación del dinero en el momento en el que decidí ser libre de los juicios y las opiniones de los demás en las redes sociales.

Tú también puedes interrumpir este ciclo de limitación del dinero si partes desde el punto de inicio de la frustración, la envidia o la limitación. En cuanto observes en las redes sociales algo que desearías tener, dite a ti misma: «Le envío amor. Sentir envidia no es saludable para mí; merezco algo mejor». Después, apaga tu móvil y busca actividades que te inspiren o utiliza esta energía para trabajar en tus propios sueños. La envidia se neutraliza con la humildad. Cuando reconoces con humildad que en toda situación hay un aprendizaje, no hay espacio para energías densas como la frustración o la envidia. Entiendes que lo que vives puede ser utilizado como motor para tu crecimiento. Así, comprobarás cómo la próxima vez que veas una publicación en las redes sociales que antes te generaba emociones densas ahora te inspirará a seguir tus propios sueños.

Siempre es posible interrumpir el ciclo de la negatividad, la envidia y la limitación, y abrirte a una percepción del mundo mucho más amorosa, compasiva y expansiva para ti. Mis consejos y el trabajo que estás haciendo en este libro no van a transformar la economía mundial, traerte millones de un día para otro ni cambiar las injusticias de este planeta, pero sí te traerán una conciencia mayor de tu campo energético, tu sistema de creencias y todo aquello que te impide avanzar económicamente, algo que tiene el potencial de transformar tu vida.

 **El juego de la vida**
Existe un concepto que se llama «efecto *protégé*» que dice que es más fácil aprender enseñando a otros. No cabe duda de que enseñar o pretender enseñar un concepto a otros te ayuda a aprender mejor. Tu reto para el día de hoy es explicarle a otra persona el ciclo base de la alquimia del dinero que acabas de aprender. Enséñale a través de ejemplos prácticos cómo puede romper este ciclo para mejorar su propia relación con el dinero.

Mantra de gratitud al dinero

Este mantra de gratitud te ayuda a conectarte con emociones de gratitud, amor y compasión. Repetirlo en voz alta y reconocer los regalos y las lecciones que nos proporciona el dinero te permitirá no identificarte con las historias colectivas, los sistemas de creencias y el legado que hemos heredado sobre este. Repítelo en voz alta cada vez que quieras conectarte con una energía más limpia, expansiva y amorosa hacia esta energía.

Gracias, dinero, por ser un gran maestro.
Gracias a ti exploro mi zona de crecimiento
y mi potencial.

Gracias a ti fortalezco mis valores de vida.

Gracias a ti descubro mi poder personal
y mi valentía.

Gracias a ti descubro que soy merecedora
de todo lo bueno.

Gracias por reflejarme el amor divino.

**Confío en mi capacidad de sostener, nutrir
y proteger el universo en mí.**

NEUTRALIZA LA CARGA EMOCIONAL
DE LA ENERGÍA DEL DINERO

La energía del dinero es completamente neutral y no tiene un significado hasta el momento en el que tu mente la procesa y la filtra a través de tu sistema de creencias y le asigna un significado. Es en este momento cuando existen una carga y una emoción, con un significado para ti específicamente basado en tu percepción del mundo y de tu realidad. Cuando neutralizamos la energía del dinero, es decir, hacemos que regrese al punto cero de inicio sin carga energética, podemos asignarle un nuevo sistema de creencias y filtrarla de tal manera que las emociones, los sistemas de creencias y cómo describimos nuestro mundo puedan emitir una frecuencia distinta al campo cambiando el aspecto de la realidad.

Proceso NPA: Definiendo los parámetros y las asociaciones

Para neutralizar la energía del dinero vamos a utilizar un proceso que denomino «el proceso NPA», por las siglas de las palabras «neutral», «parámetros» y «asociaciones».

Parámetros: Generalmente, los parámetros que asignas a los montos de dinero son numéricos y son los que definen tu zona de confort. Los asignas basándote en tu nivel de ingresos, en lo que estás acostumbrada a manejar en términos económicos y en lo que conoces basándote en tu historia de vida. Los parámetros son completamente relativos e individuales. Así lo demuestran afirmaciones como «Esto es caro», «Esto es barato», «Es fácil para mí ganar dinero», «Es difícil para mí ganar dinero dado el país en el que estoy», «Para mí es sencillo ganar dinero porque cuento con el apoyo de mi pareja», «Esto debería ser más accesible», etcétera. Cualquier tipo de juicio, opinión o parámetro de medición del dinero requiere tener mínimos y máximos energéticos a su alrededor.

Por ejemplo, yo vivo en Bali, Indonesia. Muchas veces, cuando estoy de viaje, algunos conocidos me plantean: «Quiero vivir en Bali; ¿es barato o es caro vivir allí?». Esa pregunta es imposible de contestar correctamente sin tener los parámetros de referencia. Hay muchas variables que determinan la respuesta; por ejemplo:

1. Coste del lugar de residencia actual. Si esa persona vive en Londres, quizá Bali sea barato. Si vive en un país latinoamericano, tal vez Bali no sea tan barato si lo compara con lo que está acostumbrada.

2. Nivel de ingresos. Si una persona gana muchísimo dinero, Bali será muy barato. Si no gana mucho, quizá no le alcance para vivir cómodamente en esta isla indonesia. No sé cuáles son los ingresos de esa persona; por lo tanto, no sé el punto de referencia de qué es barato o caro.

3. Preferencias. No conozco las preferencias específicas de esa persona. Quizá le gusten las casas lujosas con vistas al mar o las casas pequeñas y muy sencillas. Desconozco con qué presupuesto cuenta en función de su estilo de vida.

Como puedes ver, la respuesta a esta pregunta es relativa y depende del parámetro que cada persona sostiene como referencia de su mundo.

Asociaciones: Las asociaciones son aquellos sistemas de creencias que relacionamos con una cantidad de dinero específica, con un estilo de vida o con algo que percibimos en nuestro entorno a través del filtro del dinero. Las asociaciones se basan en los sistemas de creencias, los juicios y las opiniones que tenemos con respecto a lo que estamos observando.

Las asociaciones que creas son cien por cien tu responsabilidad, y son únicas para ti y tu forma de percibir el mundo. Por ejemplo, ves a una mujer joven y bien vestida que conduce un coche de lujo. Automáticamente asocias ese coche con una persona que tiene mucho dinero. Creas esta asociación sin saber si el vehículo es de ella, si lo adquirió con su trabajo, si es millonaria, si está en quiebra o si se endeudó para comprarlo. No sabes nada de la vida de esa mujer, pero generas una asociación en tu mente para interpretar lo que ves. En el momento en que creas una asociación, también creas una serie de creencias alrededor de lo que observas que van construyendo una realidad. Estas asociaciones producen una emoción y, después, otra serie de pensamientos, juicios o creencias alrededor de lo que observas. Por ejemplo, puedes agregar a la historia que te has montado en tu cabeza que la mujer ha ganado el dinero de forma ilícita, que quizá su esposo es millonario y el coche no es de ella, que heredó el dinero de su familia y no lo ganó por ella misma, etcétera. Esa visión incluso puede generar una emoción de envidia o rabia, dependiendo de tu sistema de creencias y lo que crees que es posible para ti.

Ningún otro ser humano tendrá exactamente la misma respuesta a su entorno y a esta mujer conduciendo el coche de lujo que tú, porque ningún otro ser humano sostiene el mismo sistema de creencias de vida que tú.

Por lo tanto, podemos concluir que las asociaciones son por completo personales, únicas, y que dependen íntegramente de tu sistema de creencias.

El proceso NPA te permite neutralizar la energía del dinero para que puedas transformar la frecuencia que estás emitiendo de vuelta al campo y, por ende, cambiar la historia y la realidad que estás viviendo.

Pasos del proceso NPA

Puedes utilizar el sistema NPA cada vez que observes un sistema de creencias o una historia que sostienes sobre el dinero. Cuando pienses en una situación del dinero, sigue estos pasos:

Paso 1: Establecer tus parámetros del dinero

El primer paso del proceso NPA es observar tus parámetros del dinero y reconocer que están basados en lo que conoces. Para observar los parámetros te puedes hacer preguntas como estas:

- ¿Estoy basando este parámetro en mi salario o mis ingresos? Por ejemplo, ¿creo que algo es caro porque es un porcentaje alto de mis ingresos mensuales o los sobrepasa?

- ¿Estoy basando este parámetro en lo que mis amigos, familia o grupo cercano puede permitirse? Por ejemplo, todos mis amigos consideran que cierto restaurante es caro y, en consecuencia, aunque no sé cuánto vale comer allí, yo nunca he ido porque creo que está fuera de mi presupuesto.

- ¿Estoy basando este parámetro comparando un producto de igual valor y calidad con otro? Por ejemplo, estoy comparando el precio de dos aceites de oliva fundamentándome en su calidad, sabor y valor.

- ¿Estoy basando este parámetro en el estándar conocido de este producto o servicio? Por ejemplo, en función del coste promedio de un servicio en el mercado teniendo en cuenta la muestra de varios servicios similares.

Estas preguntas te ayudarán a definir tu parámetro de referencia al decidir si un producto es caro, barato, accesible o no accesible. Al entender dicho parámetro lograrás asumir responsabilidad por sus bases y observarás cómo puedes modificarlo para que tu mente pueda buscar recursos y oportunidades que permitan la expansión de tus ingresos económicos o mejorar tu relación con el dinero.

Paso 2: Observa las asociaciones del dinero

El segundo paso en el proceso NPA es observar las asociaciones que estás creando alrededor de este monto de dinero. Para hacerlo, debes ser muy consciente de lo que piensas en todo momento y de lo que te dices en voz alta. Observa frases que emitan juicios o que tengan una carga emocional negativa o limitante alrededor del dinero. Observa si lo que estás viviendo lo asocias con una historia de tu vida, con una creencia de tu familia, con una emoción que no te gusta sentir o con algo que está viviendo una persona cercana a ti.

Algunas preguntas que puedes hacerte a la hora de observar tus asociaciones son:

- ¿Por qué ha llegado este pensamiento a mi mente en este momento? ¿De dónde viene? ¿Es mío?
- ¿Qué emoción siento en mi cuerpo físico justo ahora?

- ¿Cuál ha sido el primer pensamiento que ha cruzado por mi mente ante esta situación o experiencia que estoy viviendo?
- ¿Qué historia me cuento a mí misma sobre mi realidad en este momento?

Las asociaciones no siempre serán fáciles de detectar ni identificables a simple vista. Detectarlas es un proceso que requiere práctica y observación de ti misma y tu entorno. A medida que vayas avanzando en este libro, localizarás con mayor facilidad los parámetros y las asociaciones que estás creando, y podrás cambiarlos con mayor rapidez. Te resultará mucho más sencillo reconocer tu sistema de creencias y cómo tus emociones responden a ellas.

Paso 3: Separa los parámetros y asociaciones de energía del dinero

Al separar las asociaciones y los parámetros que tienes del dinero, liberas completamente la frecuencia del dinero y la neutralizas. Te darás cuenta de que el dinero no determina el futuro de una persona, su valor personal, sus capacidades, su sistema de valores ni cualquier cualidad humana que pueda tener. Asimismo, te liberas a ti para poder crear la vida de tus sueños. Reconoces que el dinero no determina tu valor personal, cómo eres de espiritual ni cómo de buena o mala eres como persona, ni cómo de honesta o deshonesta eres. Puedes observar que el dinero es completamente neutral y que nunca te ha definido a ti, a otra persona o a un grupo de personas. Esto te permite transformar tu sistema de creencias, tus emociones, los nuevos parámetros y las nuevas asociaciones que generas, y modificar completamente tu realidad física. Esta es la mayor forma de libertad del dinero, cuando te das cuenta de que no significa absolutamente nada y de que eres libre para crear belleza y todos tus sueños sobre este mundo.

Después de realizar el paso 3 ya has neutralizado la carga energética del dinero. En la tercera parte de este libro trabajarás en construir un nuevo sistema de creencias con nuevos parámetros y asociaciones para que la carga del dinero sea positiva y expansiva. Esto te permitirá tener una relación con él que te apoye y trabaje a tu favor.

El juego de la vida

Piensa en algún conocido que realiza gastos que tienen una carga energética densa en ti, y utiliza el método NPA para neutralizarla. Por ejemplo, ves que se aloja con muchísima frecuencia en hoteles de lujo en sus también frecuentes viajes alrededor del mundo o que se gasta un millón de euros al año en ropa, y eso te molesta o te provoca juicios negativos hacia él.

El objetivo de este ejercicio no es determinar si la acción de una persona es correcta o incorrecta, sino que observes tu parámetro de referencia del mundo y cómo percibes la situación y las decisiones económicas de otro desde tu propio sistema de valores, parámetros y asociaciones. El neutralizar la carga energética de esta situación no justifica las decisiones de otros ni determina si son correctas o no desde tu sistema de valores. Lo que estás haciendo es eliminar las emociones densas asociadas a ello y liberarte de sentirlas tú. Puedes sostener y honrar tu propio sistema de valores en torno al dinero mientras honras y respetas también el de otra persona. Esto te dará aún más libertad financiera y espacio energético para expandirte económicamente.

DESCUBRE TUS MÍNIMOS Y MÁXIMOS ENERGÉTICOS

Las bases energéticas de las que he hablado hasta ahora te han ayudado a entender cómo has creado tu visión del dinero y la relación que tienes en el presente con esta energía. Has aprendido lo que son los códigos energéticos del dinero, el ciclo base de la alquimia del dinero y cómo neutralizar la energía para devolverla a su punto de origen sin un significado. En esta sección aprenderás a detectar qué información contienen tus patrones energéticos y cómo está calibrado tu sistema para recibir dinero.

Para este ejercicio quiero que visualices que tu programación del dinero es como un gran arcoíris con miles de colores, comenzando desde el negro (la ausencia de color) y acabando en el blanco (la mezcla de todos los colores). Todas las programaciones del dinero están contenidas en este inmenso arcoíris de colores.

El arcoíris, al igual que la experiencia humana, se basa en la dualidad de lo opuesto. En efecto, no hay luz sin oscuridad, arriba sin abajo, abundancia sin escasez... Tu mente está diseñada para procesar la información contenida en este arcoíris y clasificarla dentro del espectro de esta dualidad, estableciendo rangos entre los cuales se siente segura. Esto lo hace de manera inconsciente, y es una programación basada en lo conocido y aprendido.

Puedes visualizar que tu mente se mueve lentamente dentro del arcoíris en función de lo que considera territorio seguro y fiable. Si en tu corazón deseas explorar un color nuevo del arcoíris, tu mente debe sentirse segura haciéndolo; de lo contrario, encontrará razones para no llevarte allí y te será muy difícil cambiar de color.

Los rangos de seguridad entre los que tu mente se mueve son tu zona de confort; los llamaremos «mínimos y máximos energéticos».

Tú tienes mínimos y máximos energéticos para todas las situaciones, relaciones y experiencias de tu vida: las cosas mínimas que estás dispuesta a tolerar y lo máximo con lo que te sientes cómoda. Por ejemplo, estás acostumbrada a mantener relaciones con mínimos y máximos energéticos alrededor de la comunicación, el intercambio de energía. Cuando una persona llega a tu campo y se comunica de una forma a la que no estás acostumbrada —violentamente, pongamos por caso—, tu sistema generará una alerta y buscarás una manera de regular la energía, ya sea comunicando que esa no es forma de hablarte o saliendo de esa situación. Esta respuesta es la energía, que busca regular el entorno basándose en lo conocido. Si, por el contrario, estás acostumbrada a mantener relaciones con formas agresivas de comunicación, tu sistema no generará ninguna alerta, no buscará protegerte. Tu mente siempre sostendrá tu realidad basándose en lo que conoce y lo que percibe como seguro.

Quizá hayas oído o pronunciado la frase «Hasta aquí estoy dispuesta a tolerar»: ejemplifica a la perfección tus mínimos y máximos energéticos. Así, tu entorno se regula siguiendo la ley del equilibrio natural, al igual que la energía del dinero.

Definiendo el mínimo y máximo energético del dinero

El mínimo energético es el monto más bajo que estás dispuesta a aceptar de algo en tu entorno; por ejemplo, una relación, una transacción o una situación. Por lo general, el mínimo energético resulta incómodo y se halla por debajo de lo que estás acostumbrada a tener, aunque no es drásticamente opuesto a lo conocido.

Por ejemplo, si un mes recibes un 40 o 50 por ciento de tu salario, será incómodo para ti y creará un desequilibrio en tu economía, pero no será tan radicalmente distinto como si ganaras un 10 por ciento de dicho salario, lo que sería inconcebible para ti. El mínimo energético, por lo tanto, es ese monto que aún podrías tolerar, pero que no llega a ser inconcebible para ti.

El máximo energético es el monto más alto que puedes asumir antes de llegar a tu techo de cristal y sentirte incómoda. Tu techo de cristal es el límite más alto en el que puedes ver tu potencial y zona de crecimiento, pero al que aún no logras llegar. Por lo general, esta es la zona donde tienes más crecimiento por hacer, porque inconscientemente hay bloqueos que te impiden llegar ahí. Por ejemplo, si hoy te doblaran o triplicaran tu salario, te sentirías muy feliz y ya estarías pensando qué hacer con ese dinero extra. En cambio, si ese aumento supusiera que tu salario se multiplica por quinientos, tu mente no lo procesaría de la misma manera; sería una suma inimaginable dentro de tu realidad. El máximo energético es ese monto máximo con el que todavía te sientes cómoda en tu vida y que tu mente considera real.

Lo mismo ocurre con el dinero: tienes mínimos y máximos con relación a la cantidad de dinero que estás acostumbrada a recibir, gastar, ahorrar e invertir. A lo largo de tu vida vas a fluctuar dentro del rango de tus mínimos y máximos del dinero con comodidad. Como sucede con un hábito, cuanto más tiempo sostienes un sistema de creencias, más se vuelve parte de ti y más difícil es de cambiar. Tal como aprendiste en la sección de los parámetros y las asociaciones, los mínimos y máximos están basados en tu experiencia única de vida y lo que conoces como lo normal dentro de tu mundo. Son tu zona de confort.

Por ejemplo, si durante toda tu vida tus ingresos han fluctuado entre 1.200 y 3.000 euros al mes, esa es tu zona conocida. El ingreso de 1.200 euros es el monto mínimo de dinero que esperas ganar todos los meses para poder cubrir tus gastos mínimos: el alquiler en el barrio en el que vives, la luz y agua que consumes, la comida... Todas tus necesidades básicas están equilibradas porque lo has hecho así a través del tiempo. Tu realidad entera está construida alrededor del monto mínimo y, si cobraras menos, no podrías cubrir los gastos básicos. Las decisiones que tomas están construidas sobre este monto de dinero; tus asociaciones y tu visión del mundo están definidas, asimismo, por él.

Lo interesante de este asunto es que tu sistema está tan acostumbrado a estos rangos que si un mes no recibes los mismos ingresos, lo más probable es que, de alguna u otra forma, siempre logres cubrir tus gastos básicos en ese nivel. Así, incluso cuando no te llega ese monto exacto, tu realidad lo compensa: por ejemplo, un familiar te regala comida o te presta dinero. Tu realidad logra cubrir tus necesidades básicas porque la mente está diseñada para buscar soluciones dentro de ese rango.

Detectando tu programación del dinero

La mejor forma de determinar tus mínimos y máximos energéticos del dinero es escuchar la sabiduría de tu cuerpo físico. Tu cuerpo físico sostiene las distintas frecuencias del dinero que estás canalizando y conoce lo que es seguro para ti y lo que no. Por lo tanto, te indicará los rangos en los que te mueves y cuál es tu zona de confort con respecto al dinero. Notarás que un monto por debajo de tu mínimo energético o por encima de tu máximo será incómodo para tu cuerpo físico. Adicionalmente, si observas los pensamientos o las emociones que surgen cuando visualizas un monto de dinero distinto a lo conocido, notarás de inmediato cómo has programado tu mente para moverte dentro de una zona cómoda.

Para iniciar este ejercicio, siéntate cómodamente y haz una respiración profunda. Siente que tu corazón se expande y conecta con tu segundo chakra, localizado en el sacro y la parte baja del abdomen. Sigue respirando profundamente para conectar con tu verdad. Una vez que estés conectada con tu centro, siente energéticamente cuál es el rango de dinero al que estás acostumbrada.

Estas son algunas preguntas que puedes hacerte para ayudarte a determinar cuánto estás acostumbrada a recibir energéticamente:

- ¿Cuánto cuesta tu estilo de vida normal al mes? Este monto de dinero no solo tiene en cuenta tu salario o tus ingresos laborales, sino también tu estilo de vida, regalos, herencias o experiencias que recibes a través de tu network o redes de contactos. Si estás acostumbrada a utilizar el crédito de tu tarjeta de crédito, anota ese monto también como parte de tu estilo de vida.

• ¿Cuál es el monto mínimo que necesitas para vivir cómodamente y cubrir tus gastos mensuales básicos?

• Si pudieras definir en términos monetarios cuánto valen mensualmente las experiencias que recibes de regalo de parte de tus amigos, pareja, familia o trabajo, ¿cuánto sería?

• Si has recibido alguna herencia, ¿cuánto representaría monetariamente cada mes?

• Si recibes regalos de la tierra —por ejemplo, tienes un jardín que te da frutas y verduras—, ¿cuánto valdrían esos productos en el mercado?

• Si tienes por ejemplo un familiar que brinda algún servicio del que te beneficias —por ejemplo, es médico o esteticista—, ¿cuánto valdría en términos monetarios ese servicio si tuvieras que pagarlo?

Ten presente que estas preguntas toman en consideración un monto de ingreso mensual, pero que tú puedes responder utilizando montos de dinero semestrales o anuales, dependiendo de cómo varíen tus ingresos y tu situación económica actual. Si no generas ingresos propios, igual tienes gastos en tu día a día que representan un monto monetario, con independencia de quién los cubre o cómo. Calcula el monto de dinero mensual o anual basado en lo que costaría tu estilo de vida si tú misma estuvieras generando esos ingresos. El estilo de vida al que estás acostumbrada representa un monto de dinero dentro del sistema financiero y tiene un monto monetario en el mundo. Por ejemplo, si vives en una casa cuyo alquiler paga tu pareja y estás acostumbrada a vivir así, ¿cuánto costaría si te fueras a tu propia casa y pagaras tú el alquiler? Si la casa es más de lo que estás acostumbrada y no es algo normal para ti, ¿cuánto costaría el espacio al que tú te irías sola si tuvieras que hacerlo?

En este ejercicio los montos no tienen que ser exactos, y puede ser todo muy general. Su objetivo es determinar cómo estás equilibrada energéticamente y lo que es normal económicamente en tu realidad. Incluso puede que detectes muchas discrepancias y contradicciones. Esto no solo es muy habitual, sino que es muy bueno porque te da importantes pistas sobre tu relación con el dinero y las distorsiones que puede haber en el campo energético.

Ingresos energéticos no cuantificables

En el ejercicio anterior definiste las cosas que puedes cuantificar monetariamente, pero hay muchas experiencias que no puedes cuantificar como un valor monetario y pueden calificarse de ingresos energéticos. Quiero que anotes todos esos ingresos energéticos; por ejemplo, experiencias con tu familia, lo que sientes o aprendes en un viaje, el tiempo con tu pareja, la paz mental, tu bienestar físico y todo aquello que tiene valor en tu vida. No intentes ponerle un valor monetario; solo anota todo lo que es valioso para ti emocionalmente en este momento.

Los ingresos no cuantificables son muy importantes porque, cuando tu relación con el dinero se base en el amor y el apoyo, notarás que estos son los que determinarán tus ingresos económicos sí cuantificables. Es correcto, has leído bien: al desbloquear la energía del dinero en tu vida, notarás que cuando pones primero las experiencias, la paz y tu bienestar, tus ingresos económicos se equilibrarán naturalmente con respecto a ese nuevo código energético. Esto suena contradictorio o extraño para la mente, pero confía en el trabajo energético que estás haciendo y recuerda esta frase: «Cuando crees que se trata del dinero, nunca se trata del dinero». La clave de tus ingresos económicos está en todo aquello que no puedes ver ni medir en términos monetarios. Cuando llegues al final de este libro, regresa a este punto y observa cómo ha cambiado tu sistema de creencias y la visión de tus ingresos después del trabajo energético que habrás llevado a cabo.

 Oro líquido
Determina el rango exacto de tus ingresos energéticos

En este ejercicio determinarás el rango más específico dentro del cual te mueves con tus ingresos energéticos. Para ello, conecta nuevamente con tu cuerpo físico y responde a las siguientes preguntas:

¿Cuál es el monto de dinero mensual o anual que has determinado como tu ingreso energético, sin contar las experiencias no cuantificables? Anota el monto: _____ €.

Ese monto es tu punto de referencia para determinar tus mínimos y tus máximos energéticos.

1. Si recibieras un 50 por ciento de ese monto, ¿a cuánto ascendería? Anota el monto: _____ €.

Determina tu mínimo energético sintiendo en tu cuerpo físico la respuesta a las siguientes preguntas:

¿Cómo sientes el monto del 50 por ciento en tu cuerpo físico? ¿Cuáles han sido los primeros pensamientos que han llegado a tu mente? ¿Qué emociones has sentido? Del 1 al 10, ¿cómo de incómodo se siente tu cuerpo con ese 50 por ciento?

2. Si recibieras un 40 por ciento de este monto, ¿a cuánto ascendería? Anota el monto: _____ €.

¿Cómo sientes el monto del 40 por ciento en tu cuerpo físico? ¿Cuáles han sido los primeros pensamientos que han llegado a tu mente? ¿Qué emociones has sentido? Del 1 al 10, ¿cómo de incómodo se siente tu cuerpo con ese 40 por ciento?

3. Si recibieras un 30 por ciento de este monto, ¿a cuánto ascendería? Anota el monto: _____ €.

¿Cómo sientes el monto del 30 por ciento en tu cuerpo físico? ¿Cuáles han sido los primeros pensamientos que han llegado a tu mente? ¿Qué emociones has sentido? Del 1 al 10, ¿cómo de incómodo se siente tu cuerpo con ese 30 por ciento?

4. Continúa probando porcentajes de tu ingreso y observando cómo sientes ese monto en tu cuer-

po físico. Observa el momento en el que sientes que sería totalmente imposible vivir con esa cantidad de dinero.

Tu mínimo energético se encuentra en ese espacio que has considerado imposible, que está fuera de tu realidad. Si la respuesta al 50, 40 o 30 por ciento es incómoda o te genera miedo, pero, con todo, tu mente ha buscado una forma de supervivencia, entonces todavía no es tu mínimo energético.

Si tu mente ha respondido buscando soluciones al monto, igual se encuentra dentro de lo conocido para ella. Por ejemplo, ante el 40 por ciento de tu ingreso tu mente puede generar pensamientos como «Tendría que alquilar una nueva casa que se ajustara a mi salario o buscar un nuevo trabajo»; también puedes sentir miedo, a pesar de saber que podrías manejarlo. Asimismo, puede seguir siendo un territorio conocido y zona segura para tu mente. El rango en el que piensas «No sé qué haría» es tu mínimo energético.

En consecuencia, tu máximo energético se determina de manera similar:

- Si recibieras el doble de tu monto de ingreso mensual, ¿a cuánto ascendería? Anota el monto: _____ €.

¿Cómo sientes el monto del doble de ingresos en tu cuerpo físico? ¿Cuáles han sido los primeros pensamientos que han llegado a tu mente? ¿Qué emociones has sentido? Del 1 al 10, ¿cómo de incómodo se siente tu cuerpo al recibir el doble?

- Si recibieras cinco veces el monto de tu ingreso mensual, ¿cuánto sería? Anota el monto: _____ €.

¿Cómo sientes ese monto en tu cuerpo físico? ¿Cuáles han sido los primeros pensamientos que han llegado a tu mente? ¿Qué emociones has sentido? Del 1 al 10, ¿cómo de incómodo se siente tu cuerpo al recibirlo?

Continúa haciendo este ejercicio y aumentando los montos hasta que tu cuerpo físico responda con pensamientos de que es del todo improbable que suceda o de que eres incapaz de visualizarlo.

Al igual que con el mínimo energético, tu máximo energético está en el momento en el que tu cuerpo físico y tu mente han respondido algo similar a «Esto es imposible para mí». Cuando llega un momento en que tu mente no puede visualizar determinado incremento de tus montos o piensa que eso no corresponde a su realidad, has alcanzado tu máximo energético.

Ahora, anota los mínimos y los máximos respondiendo a las siguientes frases:

- Con ____ € me siento cómoda cada mes.

- Con menos de ____ € no podría vivir o cubrir mis necesidades básicas.

- No me imagino ganando ____ € al mes; suena irreal.

¿Has descubierto en este ejercicio los mínimos y máximos energéticos sobre tu realidad? ¿Te has mantenido en una zona cómoda? ¿Has adaptado tu realidad a tu zona de confort?

Si la respuesta a la última pregunta es afirmativa, felicidades, has descubierto tu zona de confort con el dinero. Observa cómo te sientes en ella. Tu vida entera y tu realidad económica están equilibradas con respecto a estos números y seguro te has mantenido en esta zona, incluso sin darte cuenta. En los siguientes capítulos trabajarás para romper los sistemas de creencias que sostienen estos mínimos y máximos energéticos en una zona de confort para expandirte más allá de lo que imaginaste posible.

 Escucha el audio guiado de este ejercicio en www.mujerholistica.com/libro-amo-el-dinero.

La energía de la deuda

Adquirir una deuda es tomar la decisión de pagar utilizando el dinero de otra persona o entidad y luego devolverlo a largo plazo. Como puedes ver, en la definición de deuda no hay juicios ni carga emocional. La deuda no es buena ni mala; todo depende de cómo se emplee esta herramienta. Por ejemplo, muchos empresarios hacen crecer su patrimonio utilizando la deuda a su favor. Usar la deuda como una herramienta a tu favor o en tu contra depende de tu programación del dinero y el conjunto de decisiones financieras que hayas tomado.

Para poder tomar decisiones financieras acertadas y utilizar herramientas como el ahorro, la inversión o la deuda para hacer crecer tu patrimonio es importante educarte en cada uno de ellos y, si lo consideras necesario, buscar el asesoramiento de un profesional financiero.

En términos energéticos las herramientas de un sistema financiero no determinan tu relación con el dinero ni la cantidad que puede entrar en tu vida. La decisión de usarlas viene después del trabajo energético y de una alineación con tu relación con la energía del dinero. Si tienes deudas, tu trabajo es liberarte de la carga emocional que te generen. Por ejemplo, si sientes culpa o miedo, es importante trabajar estas emociones y liberar la energía para que puedas transformar tu relación con el dinero.

Puedes hacer un ritual para perdonarte a ti misma por las decisiones pasadas y tomar la decisión consciente de que, en adelante, cambiará tu relación con el dinero, el ahorro, la deuda y el gasto. Es importante que observes que con el trabajo que estás haciendo aquí tu relación con el dinero cambiará; por lo tanto, los patrones de deuda también se transformarán. Ábrete a que el cambio en tu relación con el dinero pueda afectar positivamente a tu situación financiera en este momento, incluida la situación de una deuda. Si piensas que puedes cambiar tu relación con el dinero, pero que tu deuda no cambiará, estás en la energía del control y resistiendo a todo el trabajo que has hecho hasta ahora. La energía del dinero se halla siempre en constante cambio, movimiento y fluidez; por consiguiente, no puedes esperar que tu situación económica siempre sea idéntica. Igual que esperas tener más ingresos a raíz del trabajo que estás haciendo conmigo, sostén esa misma esperanza para las otras áreas de tu relación con el dinero.

 El juego de la vida

Así como hay mínimos y máximos energéticos alrededor de los ingresos, el ahorro y la deuda, también los hay alrededor de los regalos y las propinas por el servicio que recibes. El ejercicio que te planteo ahora es dejar una propina mucho más alta de lo que estás acostumbrada. Por ejemplo, si en un restaurante siempre dejas el 10 por ciento, solo por hoy deja el 30. Observa cómo te sientes saliendo de tu zona de máximo energético y los pensamientos que aparecen cuando lo haces. Las creencias, pensamientos o juicios que surgen al hacerlo te darán pistas invaluables de tu sistema de creencias y código del dinero.

TUS CINCO SENTIDOS Y LAS EMOCIONES CONFIRMARÁN TU NUEVA REALIDAD

La realidad que estás viviendo hoy es procesada a diario por tus cinco sentidos. Por ejemplo, puedes ver la casa en la que vives a través de tus ojos y puedes oír lo que dicen otras personas gracias a tus oídos. Cuando logres conectarte más con la energía del dinero a tu alrededor, serán tus cinco sentidos los que te confirmarán que estás viviendo una realidad distinta a la anterior. Un día te darás cuenta de que estarás más relajada con el dinero, oirás conversaciones más positivas, tendrás más dinero para llevar a cabo distintas experiencias y tus cinco sentidos validarán una situación económica distinta a la que tenías antes. Tus cinco sentidos, en suma, te ayudarán a entender esta realidad y también a vivirla al máximo.

Al igual que tus cinco sentidos, las emociones también son un pilar importante en el trabajo energético que estás haciendo con el dinero. Tus emociones llegan como respuesta a un sistema de creencias y al código energético que estás procesando en este momento. Como cada sistema de creencias es distinto, no todas las personas reaccionan con las mismas emociones a todas las situaciones. Esto no quiere decir que tu historia o tus emociones no sean válidas; solo te recuerda que cada ser humano tiene una experiencia de vida completamente distinta y percibe el mundo de manera única.

Todas las emociones son importantes y deben ser reconocidas; forman parte de tu experiencia como ser humano sobre la Tierra. Sin embargo, las emociones son energía en constante movimiento, y para poder trabajar conscientemente con ellas es importante reconocerlas y permitir que continúen fluyendo. Si las emociones no son reconocidas y procesadas, se quedan atrapadas como bloqueos energéticos en el interior de tu cuerpo físico.

Por ejemplo, si en algún momento has sentido enojo hacia el dinero y no lo has procesado, lo más probable es que esta energía y la historia asociada a ella se quedaran atrapadas en algún espacio de tu campo energético. Luego, tu mente crea una asociación y una historia en torno a esta información. Esta es una respuesta natural, ya que la mente está diseñada para procesar la información que recibe y ayudar a mantenerte segura. Cuando aparece una situación en la que el patrón se repite o se asemeja al que tuvo lugar en ese momento, tu mente encontrará esta asociación y, a menos que disuelvas esta energía, responderás al mundo con enojo.

Observa lo poderosos que son tus pensamientos para generar una emoción en ti. Por ejemplo, si te pido que en este momento pienses en una situación en la que te sentiste apoyada por el dinero, este recuerdo generará en ti una emoción de gratitud o de alegría. En cambio, si te pido que pienses en una situación en la que sentiste miedo por la falta de dinero, tu cuerpo responderá con algún tipo de sensación física desagradable. Recuerda, uno de los fundamentos de la creación de la realidad es que tu cerebro no sabe la diferencia entre algo que estás pensando y lo que estás viviendo. La información se procesa en el cerebro como si fuese real.

De esta forma puedes ver cómo las emociones son una poderosa guía de qué frecuencias del dinero estás canalizando y también de tu nivel de vibración interna. Cada emoción posee una frecuencia específica que apoya la expansión de tu alma o la contrae. Su frecuencia puede hacerte sentir expansiva, amorosa y sostenida, o bien puede limitarte, abrumarte y hacerte sentir atrapada frente a tu situación económica. Así tienes un claro indicador de tu relación con el dinero en ese momento. Las emociones que sientes frente a algo te indicarán cuándo hay una carga energética densa que responde a esa situación o un sistema de creencias limitante que quizá no estás viendo.

Las emociones como ancla de tu relación con el dinero

Las emociones no solo son importantes como una guía de referencia de la frecuencia que estás sosteniendo, sino que también son un poderoso imán que te devuelve lo mismo que emites. Puedes visualizar este proceso como la construcción de una casa. Tu código energético son los cimientos y las bases estructurales. Las dependencias de la casa —la cocina, los baños y las habitaciones— son tus pensamientos y sistemas de creencias individuales. Finalmente, la decoración es la que une todo lo que has construido y crea un entorno armonioso, de belleza y de fluidez que te hace sentir en paz en tu hogar: tus emociones.

Sin la decoración, una casa sería fría y poco acogedora. Sin tus emociones, tu relación con el dinero también sería así. A través de las emociones es como aferras a tu cuerpo físico un nuevo código energético, y tu cuerpo físico entiende que esa es su nueva realidad. Las emociones actúan como anclajes para que tu cuerpo físico y tu mente recuerden una relación importante en tu vida. En los siguientes capítulos de este libro aprenderás que, aunque no puedes cambiar la historia del dinero ni la experiencia personal de tus padres o tus ancestros con él, sí puedes cambiar las emociones que has asociado a esas historias del pasado. Por ejemplo, no necesitas llevar toda la decoración de la casa de tus ancestros a tu nuevo hogar. Pero sí puedes reconocer su belleza, honrar su valor y decidir decorar tu casa de manera distinta. Así, cambiarás tu realidad en el momento presente y tus emociones en torno al dinero. Recuerda que el pasado se sana con el trabajo que haces en el presente. Las decisiones que tomas en este momento van a liberar la energía de tus ancestros. Este trabajo energético transformará tu pasado, tu presente y tu futuro, y eso es lo que lo hace tan maravilloso.

¿A qué frecuencia te estás sintonizando?

Imagina que tu relación con el dinero es como una radio con la que sintonizas diferentes frecuencias emocionales. En esta radio, tú tienes el poder de elegir qué emociones deseas experimentar y emitir al campo energético.

Emisora Nunca Es Suficiente

Estás escuchando la emisora Nunca Es Suficiente, donde suena la música que te ayuda a sintonizar con la frecuencia del miedo y la escasez, canciones que te hacen sentir que nunca vas a salir de tu situación actual y que en cualquier momento perderás tu libertad. Sus mensajes te recuerdan que el dinero es difícil de conseguir, que nunca tienes suficiente y que siempre te cuesta llegar a fin de mes. Si no nos escuchas, perderás tu libertad. Esta emisora de radio te hace sentir abrumada, ansiosa y sin esperanza respecto a tu situación financiera. Sus mensajes pueden resultarte muy familiares; quizá incluso te evocan recuerdos de tu infancia o adolescencia. En la comodidad de Nunca Es Suficiente encontrarás tu hogar. Sintonízanos en la frecuencia 97.1 FM. ¡Bienvenida a casa!

Emisora La Dificultad

Estás escuchando la emisora La Dificultad. En ella nos enfocamos en lo difícil que es la vida. Nuestros programas y servicios informativos te recordarán lo difícil que es ganar dinero, la mala situación económica en la que vives y lo duro que deberás trabajar para mantenerte. En esta emisora nos aseguraremos de que todo el día recuerdes la verdad de tu situación. También nos aseguraremos de que sepas que esto no terminará nunca, que así será tu situación económica hasta el último día de tu vida. Nuestro mantra es: «La vida es difícil y no hay otra salida». Sintoniza nuestro nuevo programa matutino *La frecuencia de la dificultad* para programar tu jornada exitosamente y sobrevivir a todos los retos a los que te enfrentas en tu día a día. Sintonízanos en la frecuencia 12.67 FM. ¡Te esperamos!

Emisora Qué Maravilla

Estás escuchando la emisora Qué Maravilla. En ella nos sorprendemos por toda la belleza que hay a nuestro alrededor. Vemos el mundo a través de los ojos de la inocencia y contemplamos con atención y gratitud las experiencias que vivimos. La música y los programas que escucharás en esta emisora te recuerdan lo maravillosa y sorprendente que es esta experiencia humana. Sintonízanos en la frecuencia 11.11 FM. ¡Qué alegría tenerte aquí!

Emisora Gratitud

Estás escuchando la emisora Gratitud. En esta emisora estamos siempre agradecidos por todas las bendiciones de la creación. En ella te enfocas en todo lo que ya tienes y aprecias las bendiciones que te rodean. Nuestra música te hace sentir agradecimiento por las oportunidades y los recursos disponibles en tu vida. Bienvenida a un espacio de expansión, inspiración y gratitud. Al sintonizar con esta emisora sabrás que el dinero siempre fluye hacia ti de manera natural y en abundancia. Nuestros programas se asegurarán de recordarte que estás rodeada de muchísimo dinero, oportunidades y recursos para cumplir tu gran propósito del alma. Sintonízanos en la frecuencia 8.88 FM. ¡Gracias por existir!

Recuerda: la radio del dinero está siempre a tu disposición. Tú tienes el poder de seleccionar qué emociones deseas emitir y recibir. Luego, a través de la ley de la atracción, atraes aquello que vibras.

 Oro líquido

Comparto contigo una lista de las emociones que se pueden sentir en relación con el dinero. Al lado de cada una escribe, del 1 al 5, cómo de fuerte sientes esa emoción en ti. Marca 1 si es una emoción que nunca sientes con relación al dinero; 3 si la sientes de vez en cuando, y 5 si la sientes al menos una vez al día. Luego, observa qué emociones predominan en tu día a día.

El objetivo de este ejercicio es que veas qué frecuencia estás sintonizando y que, conscientemente, escojas sentir una emoción más expansiva y amorosa hacia el dinero. A medida que continúes avanzando en la construcción de un nuevo sistema de creencias, notarás que tus emociones también irán transformándose. Puedes hacer este ejercicio varias veces mientras trabajas en este libro para observar la diferencia.

- Abandono
- Aceptación
- Acompañamiento
- Agradecimiento
- Alegría
- Alivio
- Amor
- Angustia
- Ansiedad
- Apego
- Apoyo
- Aprecio
- Ausencia
- Celos
- Compromiso
- Confianza
- Culpa
- Dependencia
- Desánimo
- Desconfianza
- Desesperación
- Desilusión
- Dolor
- Egoísmo
- Enfado
- Engaño
- Enojo
- Entusiasmo
- Envidia
- Estrés
- Felicidad
- Fortaleza
- Fracaso
- Frustración

- Generosidad
- Goce
- Honestidad
- Hostilidad
- Humildad
- Ilusión
- Impaciencia
- Incomprensión
- Indignación
- Inestabilidad
- Infelicidad
- Inferioridad
- Injusticia
- Insatisfacción
- Inseguridad
- Insuficiencia
- Integridad
- Libertad
- Miedo

- Molestia
- Motivación
- Necesidad
- Odio
- Optimismo
- Orgullo
- Parálisis
- Pasión
- Pesimismo
- Preocupación
- Rabia
- Rencor
- Respeto
- Satisfacción
- Seguridad
- Solidaridad
- Temor
- Traición
- Tristeza

El juego de la vida

¡Crea tu propia emisora de radio! Es el momento de que describas tu relación con el dinero a través de una emisora radiofónica.

1. Si tuvieras una emisora:

   ¿Cómo se llamaría?

   ¿Qué tipo de música radiaría?

   ¿Cuáles son los artistas que más sonarían en ella?

   ¿Qué emociones evocaría en tus oyentes?

   ¿Qué mensaje transmitiría?

2. Crea tres afirmaciones o frases relacionadas con el dinero que son identificativas de la emisora y que se repiten en la radio durante el día.

*Bonus: Si quieres ganar puntos extras, graba una cuña de 25 segundos con la descripción de tu emisora, su relación con el dinero y por qué es la mejor de tu ciudad. Esta grabación es solamente para ti; no tienes que compartirla con nadie más si no lo deseas. Permite que este ejercicio refleje tu creatividad y pasión por el dinero.

TU REALIDAD ES UN ECO QUE ENVÍAS AL UNIVERSO

Una clave importante para el trabajo que estarás haciendo con la energía del dinero es reconocer el impacto que tiene tu voz en el campo energético. Tu voz es una de las herramientas más poderosas que posees para crear una realidad alineada con tu verdad. Es esencial en tu relación con el dinero, ya que te ayudará a establecer límites sanos, dirigir su flujo y dar forma a la materia física.

Tu voz es muy poderosa y se te dotó con ella por una razón importante. Su frecuencia tiene la capacidad de dar orden a la energía para que esta adquiera forma en el plano físico. Ella altera la vibración de tu cuerpo y comunica al mundo tus deseos. Creas contratos y relaciones con el dinero a través de tu voz. Describes tu mundo con el poder de tu voz. Alteras todo el campo a tu alrededor y en tu interior con el poder de las palabras.

Tu voz es un activo valioso; que su energía no se preste para la negatividad, para la violencia ni para herir a otros. Sé consciente de tus palabras sobre el dinero y el impacto que tienen sobre el campo y la conciencia colectiva. Imagina que con cada palabra que pronuncias estás dando forma a la energía del dinero en el espacio y afectando a tu experiencia financiera. Permite que tus palabras expresen un corazón puro lleno de compasión hacia el dinero y no una fuente de odio, rencor o violencia.

Cuando entren frecuencias de baja vibración a tu campo, procésalas y sube su vibración antes de compartirlas nuevamente con el mundo. Recicla el odio, el rencor y la rabia hacia el dinero con tus palabras por el bien del planeta. Dirige tu energía con instrucciones claras al universo, como un láser cuyo haz de luz expansivo impacta en el campo. Utiliza tu voz para dar orden a la energía del dinero y que se manifieste de formas que apoyen tus creaciones de manera amorosa sobre el mundo. Tu realidad es un eco. Todas las palabras que pronuncias durante el día están emitiendo una frecuencia que regresa siempre a ti, de un modo u otro, y crea eso mismo en tu vida. Por ejemplo, cuando dices «No hay suficiente dinero», el eco que regresa de vuelta a tu vida te refleja la escasez y la falta de dinero en tu realidad. Aunque no te des cuenta, lo que tú estás generando a través de tu voz se te manifiesta directamente de regreso a ti, porque así como es afuera es adentro.

Los decretos del dinero

Los decretos del dinero son frases que emiten una decisión con relación a este con fuerza y convicción. Los decretos reflejan tu realidad y están cien por cien alineados con tu sistema de creencias. Todo el día estás emitiendo poderosos decretos o decisiones sobre el dinero en tu realidad, aun sin darte cuenta. Cada afirmación, decisión y descripción que haces del dinero con fuerza o convicción es un decreto poderoso.

Ejemplos de decretos del dinero:

- El dinero me acompaña en mis aventuras de vida.

- El dinero siempre está conmigo.

- El dinero llega a mí con facilidad.

- El dinero me ama en el placer y la fluidez.

- El dinero apoya mis creaciones en el mundo.

- El dinero es bueno para el mundo.

- El dinero quiere mi felicidad.

- Yo amo el dinero y sé que el dinero me ama a mí.

El juego de la vida

¡Es tu turno de crear tus propios decretos del dinero! Crea cinco decretos que se convertirán en tu verdad sobre el dinero.

1.

2.

3.

4.

5.

ACTIVACIÓN DE LA ENERGÍA DEL DINERO

Esta activación te ayudará a abrir el canal de comunicación con la energía del dinero. Es importante que, al igual que en todas las activaciones, la realices en voz alta. Conecta con ella desde tu corazón y tu tercer ojo, y utiliza el poder de tu voz e intención. Cuando pronuncies las palabras, imagina que estás entregándole a tu intuición el poder para que te enseñe el camino con el dinero. Recuerda el poder de tu voz y de tu intención para darle órdenes a la energía. Es tu poder personal el que indica a la energía que tome forma en tu realidad física, y tus decretos lo sellan en el campo cuántico.

Lee estas palabras en voz alta, visualizando con la fuerza y confianza que te transmite la energía:

Activo mi visión.
Veo más allá de la ilusión.
Soy un canal limpio para la divinidad.
Activo mi voz.
Mi voz crea forma.
Estoy centrada en mi corazón.
Recibo los códigos del dinero.
En mis células, en mis órganos, en mi cuerpo físico,
    en mi campo energético.

*Soy libre de escoger la realidad económica
que quiero experimentar.*
Soy libre de jugar con el dinero.
Soy libre de crear junto con el dinero.
Soy libre de escoger mi relación con el dinero.
*Soy libre de crear la realidad que quiero
experimentar.*

Activo mi poder de creación.
Activo la conexión con mi Ser Superior.
*Solicito una activación de la frecuencia del dinero
en mi campo.*
*Solicito una activación de los cristales de luz sobre
mi campo energético y mi cuerpo físico.*
Solicito que se active mi ADN cristalino.
*Solicito que se active todo mi cuerpo físico
a la frecuencia más alta disponible para mí
en este momento.*

*Vivo conectada con el cielo, con la tierra, con el sol
y con mi corazón.*
Abro mi corazón a la frecuencia del dinero.
*Me conecto con la energía del dinero más allá
de la dualidad.*
Con el amor por el dinero.

*Solicito al dinero que me ayude a crear más
transacciones limpias sobre esta tierra.
Que me apoye en mis creaciones.
Que me enseñe el camino a la libertad absoluta.*

*Confío en el dinero.
Hecho está, hecho está, hecho está.*

*Ahora toma una respiración profunda, inhalando
y exhalando paz y amor por el dinero.*

Felicidades, has sembrado las bases energéticas del trabajo que harás en los siguientes capítulos. Te recuerdo que es importante descansar para integrar la información y también beber mucha agua. El agua ayuda a regular tu campo energético y las frecuencias que estás recibiendo. Confía en que este trabajo ocurre por tu mayor bien y el de las personas que te rodean.

3

Ábrete a la energía del dinero

LA MAGIA DE LA CREACIÓN

Tu cuerpo físico es tu acompañante en este camino espiritual. Gracias a él puedes experimentar esta realidad y todas sus sensaciones, como sentir el efecto de los químicos del placer —las hormonas dopamina, oxitocina, serotonina y endorfina— o la adrenalina que genera una sensación placentera en tu cuerpo físico. También puedes disfrutar del movimiento, de compartir tus talentos y tus actividades favoritas con tu cuerpo físico. Tu experiencia humana es increíble y, sorprendentemente, tu cuerpo es una máquina maravillosa que te mantiene viva sin que le indiques a diario que debe hacerlo. Tu corazón late cada segundo sin tus instrucciones y respiras para mantenerte viva sin que des la orden de respirar, de la misma manera que una flor florece sin dar instrucciones al campo. La vida ocurre como respuesta a la energía de creación divina presente en todo momento.

Esta energía de creación es la magia que forma la fábrica de la realidad. La vida es un proceso natural que ocurre sin que tú seas consciente de todos los procesos naturales y sin que tu mente controle lo que ocurre alrededor. Por ejemplo, el viento sopla y las estaciones llegan sin que tú se lo indiques al campo. La vida, insisto, ocurre constantemente sin indicaciones de la mente.

La creación se mueve a este ritmo invisible y también nace de sí misma, es decir, una hoja nace de una rama, un bebé nace de una madre, un árbol nace de una semilla que cayó de otro árbol. En efecto, la creación nace de sí misma, reproduciéndose y buscando constantemente la expansión. Esta es la magia de la madre naturaleza, a la cual todos pertenecemos.

La energía del dinero no es la excepción a esta energía. Ella también parte de esta magia de la creación y tiene un flujo constante que está siempre en movimiento, naciendo de la creación anterior. De tus actos, palabras y energía nace el flujo de dinero que entra en tu vida. A partir de lo que haces con ese dinero entra otro flujo de energía de dinero y, así, constantemente hay una relación de dar y recibir, un flujo permanente de energía que mantiene activas las transacciones a nuestro alrededor. El control es una respuesta común al dinero porque este es necesario para poder sobrevivir y prosperar en la estructura del mundo actual. Esto hace que haya una necesidad de controlar por miedo a no cubrir las necesidades básicas de supervivencia.

Presta mucha atención a tus actos y creencias inconscientes para ver si sientes la necesidad de controlar el dinero. El control es una energía muy sutil que viene de creencias muy profundas o incluso inconscientes. A veces, creerás que no eres controladora porque tus acciones y decisiones parecen fluidas y espontáneas, pero es importante ser consciente de cómo la necesidad de control puede manifestarse igual dentro de estas decisiones que parecen ser expansivas y libres. Por ejemplo, puedes estar controlando inconscientemente tus ingresos por miedo a la opinión de otros y estar haciendo afirmaciones conscientemente creyendo que el dinero está fluyendo.

Algunas formas comunes de control del dinero son:

- Controlar los gastos por miedo e incertidumbre del futuro.

- Controlar el monto máximo que ganas por miedo a lo que otros opinen de ti o tu estilo de vida.

- Controlar los ingresos para no pagar más impuestos o ser responsable financieramente de más dinero.

- Controlar los gastos por miedo a perder el dinero.

- Controlar el dinero por miedo a no tener suficiente para pagar las cuentas en un futuro.

- Controlar el dinero por miedo a no tener seguridad, a estar sola o a carecer de ahorros.

- Controlar cómo el dinero debe llegar a tu vida y las cantidades que esperas de él.

- Controlar el dinero a través de las expectativas que tienes de él y lo que debe entregarte.

Es importante también que sepas reconocer si eres juiciosa, prudente, si ahorras conscientemente desde la expansión y la responsabilidad por tu futuro. La responsabilidad y el control son distintos; reconocerás la diferencia por lo que siente tu cuerpo físico. El control se experimenta como limitante y está en la frecuencia del miedo. Cuando controlas, puede que sientas una contracción en el cuerpo físico; por ejemplo, aprietas la mandíbula, tensas las manos, te duele el estómago... Cada vez que actúes desde el control, sentirás una carga densa de miedo o limitación que con la práctica llegarás a reconocer. Por el contrario, si actúas desde la confianza, incluso cuando ahorras o eres cautelosa, tus decisiones serán expansivas y libres. Por ejemplo, si tienes hijos conoces muy bien esta sensación de control y de confianza. No puedes ir detrás de ellos todo el día, incluso cuando son adolescentes, vigilando que no se tropiecen, controlando lo que dicen, lo que hacen y cómo se comportan. Pero sí puedes brindarles seguridad, educación, una serie de valores y el amor que necesitan para que sus actos y decisiones sean de responsabilidad con ellos mismos. Tus hijos crecerán sintiendo que el apoyo y el amor están presentes independientemente de lo que decidan hacer con su vida. Esa es la diferencia entre el control y la confianza en algo más grande que tú misma.

La clave para liberar el dinero del control radica en reconocer cuándo estás actuando desde el corazón, confiando en la energía de creación o entregándole a tu mente la sensación de control de tu entorno. Tu seguridad viene de la vida misma, que es algo más grande que tú misma, no de la cantidad de dinero que tienes. Tampoco viene de la cantidad de dinero que posee tu familia o tu pareja, ni de la estabilidad de tu trabajo. El dinero, al igual que la vida, se halla siempre en movimiento, cambio y expansión. Si basas tu seguridad en algo que está en constante cambio, te sentirás insegura porque tu mente nunca conocerá plenamente el territorio en el que está entrando.

Algunas afirmaciones y perspectivas del mundo que te apoyarán si has percibido en ti un patrón de control por el dinero son:

- Confío en la vida y en la sabiduría de mi Ser Superior.

- Estoy siempre sostenida por la creación y estoy segura.

- El amor divino y la abundancia están siempre disponibles para mí.

- Mi seguridad viene de mi conexión interna.

- Confío en que todo ocurre por una razón.

- Confío en mis habilidades para mantenerme segura.

- Confío en mí misma y mis decisiones con respecto al dinero.

- Confío en mi capacidad de administrar mi dinero, mis inversiones y mis ahorros.

- La cantidad de dinero que recibo es un reflejo de mi confianza en mí misma y en la vida.

> **Oro líquido**
> Si has detectado control por el dinero, ¿cómo se ve este control reflejado en tu realidad? ¿Cómo se siente en tu cuerpo físico?

EL DINERO QUIERE TENER UNA RELACIÓN CONTIGO

La relación con el dinero es como cualquier otra relación en tu vida, y requiere el mismo respeto y cuidado que tendrías con una persona con la que quisieras compartir más tiempo y cocrear una realidad. Para que una relación pueda crecer y servirte de sustento, es necesario que haya un espacio de mutua confianza, amor, entendimiento y compasión. Además, en toda relación hay un flujo de energía, un dar y recibir, al igual que con el dinero. También debe haber comunicación consciente y, sobre todo, un reconocimiento de las áreas en las que cada parte ha de trabajar individualmente. Todo esto establece las bases para una relación de respeto y crecimiento de ambas partes.

Debido a los condicionamientos de la sociedad, la relación con el dinero no siempre fluye según los mismos valores, sistemas de creencias y estándares que las relaciones que mantenemos los seres humanos. Antes al contrario, el dinero muchas veces es el responsable de todo aquello que parece no funcionar en la vida.

Pero más allá del sistema financiero actual y la construcción de la sociedad, desde el plano energético el dinero es libre y neutral. La responsabilidad de otras áreas de tu vida es una carga muy pesada para depositar en una energía como esta. Por eso te puedes sentir emocionalmente cargada cuando se habla de dinero o piensas en él, porque le estás entregando una responsabilidad y expectativas muy grandes, que un flujo de energía no podrá cumplir jamás.

La muletilla «Por culpa del dinero» es una de las más comunes que escucho en mis programas del dinero. Constantemente escucho frases como «No pude tener las oportunidades que deseaba», «Pasé por un divorcio horrible», «La relación amorosa no funcionó», «La familia se peleó», «No pude vivir donde deseaba», «Me vi obligada a permanecer en una relación tóxica», «Me tuve que ir del país que amaba», «No pude cumplir mis sueños»…, y todas ellas acaban con «por culpa del dinero». La lista de historias es enorme y la realidad es que todos los seres humanos se han visto de una forma u otra condicionados a responsabilizar al dinero y a sentirse atrapados por un sistema financiero y económico complejo y limitante.

Tus relaciones, sueños, estilo de vida, decisiones y actos no son responsabilidad del dinero. En cambio, tu felicidad, tus decisiones de vida y tu sistema de creencias sí que son tu responsabilidad. Al igual que como tus amigas, tu pareja o tus padres no pueden entregarte la felicidad que anhelas, todo el dinero del mundo tampoco podrá resolver la complejidad de nuestro entorno. Hay muchos factores que se unen en la creación de la realidad y no todos dependen de ti, pero sí es posible encontrar tu libertad y felicidad dentro de ellos. Eres un ser soberano de luz, completamente libre de decidir cómo quiere vivir, ver el mundo y determinar su felicidad. Cuando eres responsable por tu vida, el dinero responderá a esta responsabilidad y seguirá tus instrucciones claras de hacia dónde ir. La maestría energética es reconocer que tú eres el principio de todo y que todo ocurre por ti, para ti y a través de ti. Esto incluye las lecciones en relación con el dinero.

Una pregunta que te ayudará a determinar si estás responsabilizando erróneamente a la energía del dinero es «¿Esto es de verdad un tema de dinero o está ocurriendo debido a algo que puedo ver de manera distinta?». Generalmente el dinero amplifica lo que está frente a él, y cuando son cosas que no están alineadas, el dinero actúa como un gran mensajero de la información.

Por ejemplo, la otra noche una amiga me dijo: «Mi relación con mi exnovio no ha funcionado porque no teníamos dinero. El dinero generó tanto estrés en nuestra relación que terminamos separándonos». Y yo le contesté: «¿En serio fue por el dinero? Por ejemplo, si ambos hubierais sido millonarios y el dinero no hubiera sido un problema, ¿seguirías con él?». Su respuesta fue: «No, teníamos muchos problemas de comunicación, celos e intereses distintos». Así pues, el problema en la relación no era el dinero, sino que este simplemente amplificó una serie de dificultades que ya estaban allí. No obstante, su mente estableció una asociación en la que el dinero era el responsable de esta situación y la razón por la cual no era feliz. Esto repercute como un eco en su vida, reflejando esa creencia de vuelta en su situación económica actual y creando un estado constante de infelicidad por el dinero en las relaciones.

El patrón que se repite en las mujeres con las que trabajo es que la mayor parte de los problemas de los que hacen responsable al dinero no están ocasionados por él. Generalmente son por falta de comunicación clara, ausencia de límites sanos, por no expresar su verdad, por no confiar en ellas mismas o por no creerse merecedoras de la abundancia infinita o la felicidad. El merecimiento y la falta de confianza en nosotras mismas es la razón principal por la que las mujeres no tienen una buena relación con el dinero, incluso más allá de los sistemas de creencias heredados o las historias vividas. El código limitante de la falta de merecimiento puede señalarse como el daño más grande en la relación con el dinero.

Imagínate si tuvieras una relación de pareja con este mismo código. Sientes que no eres merecedora del amor de esa persona y que no confías en ti misma para mantener una relación sana. Estarás cuidando constantemente la relación por miedo a que termine o que tu pareja se vaya de tu vida. Intentarás compensar tu falta de merecimiento con exceso de atención, necesidad o frustración. La relación con el dinero funciona igual, y el universo escucha y responde.

Recuerda: «Cuando crees que se trata del dinero, nunca se trata del dinero». Si quieres ser multimillonaria y tener más dinero del que jamás imaginaste, has de creer que eres merecedora de ello; de lo contrario, esta verdad no se podrá reflejar en tu realidad. Recuerda que tu mente siempre intentará mantenerte segura, y si no te sientes merecedora del dinero te sentirás insegura y, de un modo u otro, eso se reflejará en la realidad. Solamente puedes vivir aquello que te sientes merecedora de vivir y que puedes sostener energéticamente en tu realidad.

Cuando estableces una relación con el dinero desde un espacio de respeto, claridad e igualdad, puedes ver cómo este está aquí para ayudarte a cumplir tu propósito de vida y ayudarte a entender las grandes lecciones que tu alma ha venido a aprender sobre este plano. Es una energía limpia, neutral y amorosa que quiere tener una relación contigo.

¿Cómo sentirte merecedora de una buena relación con el dinero?

Trabajar el merecimiento en relación con el dinero requiere trabajar la confianza en ti misma en distintos niveles, algo que estás haciendo a través de estas páginas. Una de las herramientas más poderosas para trabajar el merecimiento en todas las áreas de la vida es conectarse con los ciclos naturales de la madre naturaleza. Cuando te conectas con algo más grande que tú misma, como por ejemplo la energía de creación con la que te has conectado en este libro, entiendes que tu mente no es la que controla la realidad. La comprensión de que hay energías que mueven el universo entero y que hacen que la vida ocurra te permite liberarte de la creencia de que tú tienes que hacer que las cosas sucedan. Automáticamente, comprendes que la creación no dejó a ninguna alma, elemento, animal o sistema del planeta fuera de la luz divina. Tú también eres la luz divina. Eres merecedora de la felicidad, la abundancia y todas las experiencias que desees vivir sobre el planeta. Esa es la raíz del merecimiento: una conexión más profunda con los elementos, la naturaleza, los animales, los árboles, las montañas y el alma que reside en absolutamente toda la creación. La belleza de la vida está en los detalles y en lo simple. No permitas que tu mente complique tu relación con el dinero; establece un espacio de neutralidad, amor y gratitud, y verás cómo el dinero responde a esta frecuencia rápidamente.

 Oro líquido
Es tu derecho divino ser feliz.
Es tu derecho divino vivir en abundancia.
Es tu derecho divino ser feliz con el dinero.
Eres merecedora del dinero que deseas.

Y como la mente aprende a través
de la repetición, repite:
«Soy merecedora del dinero
que deseo y de la felicidad infinita».

Si necesitas permiso para creer en ello, se te entrega por decreto divino en este instante. Toma la decisión en este preciso momento de que tener el dinero que deseas es tu derecho divino. Ábrete a recibir su amor y siéntelo en todas las células de tu cuerpo físico. El dinero es también una creación divina que merece el mismo respeto y amor que cualquier otra.

El juego de la vida
Una conversación con el dinero

Esta es tu oportunidad para sincerarte con la energía del dinero. Coge una hoja en blanco y busca un espacio en el que te sientas segura para escribirle una carta a esta energía. Comparte todo aquello que te ha preocupado en el pasado, que te ha dolido...; todo aquello en lo que no te sentiste apoyada por la energía del dinero. Comparte con el dinero tus preocupaciones, tus anhelos y tus sueños.

Es importante que pongas sobre el papel absolutamente todo lo que sientes, lo que piensas y lo que hubieras deseado del dinero. Si sientes enfado, resentimiento o dolor hacia el dinero, exprésalo igual; no tengas miedo de ser juzgada. Quizá crees que hay cosas que no puedes compartir con el dinero, quizá te sientas culpable de pedirle mucho o te arrepientas de ciertos actos o decisiones pasadas con respecto a él. Es importante que sepas que el dinero no te está juzgando y que en este espacio no tienes que ser la «niña buena» que busca aprobación para recibir más a cambio. Todo lo contrario: el dinero podrá fluir libremente hacia tu vida cuando seas completamente honesta y cuando permitas que el amor divino tome tus preocupaciones, por muy limitantes o injustas que puedan sonar para ti.

Luego, coge dos sillas y pon una frente a la otra. Siéntate en una e imagínate que el dinero está enfrente de ti; incluso puedes poner una flor para simbolizarlo. Léele la carta y expresa lo que sientes observando la flor con amor. Visualiza que el dinero te recibe con amor, perdón y compasión.

Las energías divinas, como la energía del dinero, tienen una frecuencia que va más allá de las historias, los juicios y los pensamientos que puedas tener en torno a una situación. Estas energías divinas pueden limpiar las distorsiones que son creadas en el plano físico debido a la dualidad de esta experiencia humana. Sanar es recibir todo con amor incondicional. Confía en que el dinero es una energía divina de muy alta frecuencia que puede transmutar todo lo que compartes con él y devolverlo al amor divino.

 Escucha el audio guiado de esta visualización en www.mujerholistica.com/libro-amo-el-dinero.

LA CRISIS CURATIVA DEL DINERO

Como has leído hasta ahora, la definición que tienes de la energía del dinero se ha construido durante muchos años y es el resultado de sistemas de creencias aprendidos, heredados y de todo lo que has vivido en tu vida. El crecimiento nunca es lineal, sino una espiral en la que estás en constante expansión. Cuando crees que estás viviendo la misma situación con el dinero, en realidad te hallas en un nivel de conciencia distinto y llevas contigo los aprendizajes del pasado, lo que te da una visión diferente de la situación aunque esta sea la misma.

Mientras subes por la espiral de crecimiento, estás tomando las lecciones del pasado y construyendo una nueva visión sobre tu realidad. La clave para poder fluir con menos resistencia y con mayor expansión a través de esta espiral es asimilar las lecciones y aprendizajes, dejando ir la carga energética densa alrededor de las situaciones que has vivido. Sanar es neutralizar la carga energética de una situación y devolverla al amor incondicional, caminando más ligera y sanando el pasado.

Si una situación todavía no ha sido sanada en tu campo energético o cuerpo físico, aún puedes estar cargando dolor, miedo, rabia, inseguridad o ansiedad en torno a esa situación o a una similar. Como has leído hasta ahora, todas las emociones son importantes como mensajeras de información. Sin embargo, como mensajeras, después de entregarte la información que necesitas, deben seguir fluyendo. Ellas cumplen su misión al entregarte esta información; es tu trabajo responder a ellas en función de lo que deseas crear en tu vida.

El trabajo que realizas en estas páginas libera la energía del dinero y el estrés que este que genera en tu cuerpo físico. Se trata de un proceso de profunda desintoxicación, lo que también podría generar síntomas físicos. La energía atrapada —estrés, rabia, dolor o miedo por el dinero— está siendo liberada de tu cuerpo físico. Este proceso puede antojarse incómodo, pero confía en que está liberando energía que solo te limitaba.

Te invito a hacer una reflexión profunda sobre tu vida y te pregunto: ¿cuántos años has vivido con altos niveles de estrés debido a tus preocupaciones financieras y el dinero? Quizá has tenido dolor de estómago, migrañas o ansiedad por temas monetarios. Tal vez tus preocupaciones sean constantes y, aunque no seas consciente de ello, están en el fondo de tu mente creando ansiedad. La calidad del sueño empeora y eso desencadena otra serie de desórdenes físicos. Todo tu sistema se ve afectado cuando manejas altos niveles de estrés por el dinero.

Visualiza durante unos segundos cómo la energía del dinero ha estado circulando por tu cuerpo físico en momentos de estrés. Imagina todo lo que has vivido a través de tu vida con el dinero y cómo eso ha circulado por tu cuerpo, impactando en tus órganos, tus hormonas, tu sistema nervioso, e incluso en tu sistema circulatorio. Sanar la energía del dinero te liberará de estas emociones y también contribuirá enormemente a la salud de tu cuerpo físico.

Síntomas físicos de la crisis curativa

En el proceso de desintoxicación del dinero puede que sientas algunos síntomas físicos. No todas las personas los experimentan, pero si es tu caso es importante que sepas que es normal; se deben al estrés que ocasiona y a la liberación de hormonas del estrés y de toxinas. Imagina que todo tu sistema nervioso y campo energético se están liberando de una carga emocional enorme que los ha limitado durante años. El cuerpo físico busca siempre el equilibrio, de manera que al hacerlo puedes sentir algunos síntomas ligeros.

Algunos síntomas comunes de este proceso son:

- Leve gripe o malestar de cuerpo
- Dolor de cabeza
- Malestar estomacal

- Ganas de llorar o mal humor

- Brotes en la piel

- Ganas de estar sola

También puede que sientas intolerancia hacia situaciones que antes eran normales o una necesidad de establecer límites más fuertes con las personas que te rodean. Incluso puedes sentir resistencia a los cambios que estás viviendo. Estos síntomas que he mencionado son normales y generalmente pasan en uno o dos días. Te muestran algo que es necesario cambiar y las oportunidades de crecimiento que tienes. Es importante que escuches tu cuerpo físico en todo momento; si los síntomas se intensifican o perduran, busca asesoramiento médico.

El trabajo energético es físicamente intenso, pero cada cuerpo es distinto y los síntomas pueden deberse a otra condición de salud que se esté produciendo paralelamente. Tu salud es tu responsabilidad, y es importante que hagas lo que es mejor para ti en todo momento.

Recomendaciones para aligerar el proceso físico de la crisis curativa del dinero:

- **Ten compasión y paciencia con el proceso.** Igual que has vivido tal vez durante años con altos niveles de estrés por el dinero y sus síntomas han sido incómodos, es importante entender que la liberación también puede presentar síntomas incómodos. Es la misma energía siendo liberada y transformada en amor.

- **Sal a caminar en la naturaleza y conecta con la tierra.** Te ayudará a recordar el ser de luz infinito que eres y, asimismo, que eres merecedora del amor incondicional. También contribuirá a que entiendas que estás bien, que no hay nada malo en ti y no te hallas en peligro.

- **Luz blanca.** Visualiza un baño de luz blanca que cae sobre ti y va liberando toda esa energía estancada y densa en tu cuerpo físico. Imagina que estás bañando el pasado con amor y que la luz blanca siempre te protege.

- **Regresa al agua.** Báñate en la bañera con agua con sal, nada en el mar o en un río y regresa al agua. El agua te ayuda a equilibrar tu campo electromagnético y a que se liberen las toxinas con menos resistencia. Asimismo, es importante que bebas más agua de la que acostumbras, siempre midiendo la cantidad en función de la respuesta de tu cuerpo físico.

Sobre todo, recuerda que cada cuerpo físico y persona responden de manera diferente, así que es importante honrar tu proceso individual y entender que todo lo que está ocurriendo es perfecto y está aquí para lograr una mayor expansión y liberación de tu alma.

EL CÓDIGO DE LA DIFICULTAD

Uno de los códigos más presentes en la sociedad actual es el código de la dificultad por el dinero, la creencia de que el dinero es difícil de ganar y que la vida es una lucha constante por sobrevivir o demostrar que eres merecedora de ella. Probablemente has escuchado frases como «El dinero es difícil de ganar», «Hay que trabajar mucho para ganar dinero» o «La vida es complicada». Todas ellas son creencias que se basan en el código de la dificultad. Igualmente, puede que creas que si has trabajado duro te mereces el dinero que has obtenido a cambio. Detrás de esta creencia se halla también la creencia de que el dinero no puede venir a través del trabajo fácil y ligero, sino que es la recompensa al sacrificio y a trabajar muy duramente.

Tú no mereces ganar más dinero por ser superexigente contigo misma, por trabajar en exceso o sacrificar otras áreas de tu vida por él. Esas creencias vienen del código de la dificultad y el sufrimiento, que establece que hay que sufrir o sacrificarse por algo que queremos tener, porque no eres merecedora de ello si no lo haces.

Tú no has venido a este mundo a sufrir por el dinero. Tampoco necesitas demostrarte que eres merecedora para recibir algo. El universo está disponible para ti en todo momento; no tienes que demostrarte que eres suficiente para que se hagan realidad tus sueños. Ya eres merecedora y ya eres suficiente. Vives en un universo benevolente que te ayudará a ser feliz y que te sostiene en todo momento. Tampoco necesitas sufrir por dinero, ni trabajar en exceso para recibir más. Confía en que es seguro no sufrir por el dinero y que el proceso de ganarlo dinero no tiene por qué ser difícil. Puedes dejar el peso de las preocupaciones, el estrés y el sufrimiento por el dinero aquí mismo. No necesitas estas creencias en esta nueva relación con él.

Decretos acerca de la facilidad para recibir dinero:

- Vivo en un universo benevolente que me sustenta.

- Merezco cumplir mis sueños solo por el hecho de existir.

- El dinero llega a mí de manera fácil y amorosa.

- Mi trabajo me genera placer y el dinero ama el placer.

- El dinero siempre me apoya y llega en cantidades más que suficientes.

- Mi relación con el dinero es independiente de mi esfuerzo laboral.

- Es posible trabajar menos y ganar más.

- Merezco disfrutar de la vida y tener unos ingresos que me permitan hacerlo.

Observa qué sientes leyendo estos decretos, especialmente aquellos que se relacionan con la cantidad de tiempo que trabajas y el dinero que generas. Una de las creencias más difíciles de desechar para mis alumnas es la de que no tienen que trabajar más para ganar más dinero. Es posible trabajar la misma cantidad de tiempo o incluso menos y, aun así, ganar más dinero.

El juego de la vida

En este ejercicio quiero que juegues con la posibilidad de trabajar menos tiempo y recibir a cambio la misma cantidad de dinero o más. Si tuvieras que hacer esto, ¿cómo lo harías? Piensa en formas creativas en las que puedes tener más tiempo libre. Por ejemplo, si tienes un negocio puedes contratar personal de apoyo o automatizar ciertas tareas para disponer de más tiempo. También puedes incrementar el volumen de personas a las que llegas con la misma cantidad de trabajo.

El propósito de este ejercicio no es que dejes de trabajar ni convencerte de que el trabajo no es bueno: su propósito es liberar la asociación entre la cantidad de tiempo que trabajas y el dinero que ingresas. Asimismo, este ejercicio te ayudará a liberarte del sacrificio y la dificultad que se asocia a ganar dinero.

Oro líquido

Disuelve la queja por el dinero

Si te quejas constantemente por el dinero, visualiza esa queja como una fuga que desperdicia tu valiosa energía de creación, manifestación y riqueza.

Recuerda que el dinero no juzga; es una energía neutral. Tus quejas no hacen que cambien los precios de los productos, los servicios ni la situación económica de tu país. Esa queja crea una fuga energética en tu campo que luego se verá reflejada en la realidad como una falta de dinero. Te invito a ser consciente de cuándo te quejas o asumes una posición de víctima con relación al dinero, y a cambiar ese patrón que daña tu economía.

Asimismo, te invito a observar cuándo sostienes conversaciones, relaciones o amistades en un patrón de la queja por costumbre. Cuando sostienes transacciones energéticas desde la queja o la escasez estás llevando de vuelta al campo y trayendo de vuelta a ti esa misma energía. No tienes por qué estar de acuerdo ni unirte a conversaciones en la que se hagan comentarios negativos o de escasez. Esto no significa que tengas que discutir; simplemente no les des energía.

Por otra parte, si lo que te molesta es que otros se quejen sobre el dinero, tampoco le des tu energía negativa. Limítate a no interactuar en esa frecuencia y busca otro tema de conversación o mantén el silencio sin juzgar.

Esta semana te invito a observar todas las veces que te quejas por el dinero. Observa las palabras que utilizas y cómo estas afectan a tu frecuencia en ese momento. Luego, toma la decisión consciente de cambiar las emociones o tu frecuencia. Parte de tener una buena relación con el dinero se debe a honrar con gratitud su presencia en tu vida y no dañar la relación.

CREA UNA RELACIÓN EXITOSA CON EL DINERO

El éxito a menudo se asocia con factores externos, como ingresos, posición social o logros en el ámbito profesional. Los números son importantes como medida externa de éxito. Sin embargo, el éxito con el dinero no se define en términos de números, sino en función de las emociones que te hace sentir, la seguridad económica y la libertad que te permite tener. Esa es la verdadera riqueza y abundancia económica: una vida de libertad absoluta.

Para mí, una relación exitosa con el dinero me hace sentir paz, tranquilidad y seguridad. También me permite tener la libertad de hacer todas aquellas cosas que deseo sobre este mundo —mis viajes, por ejemplo—, de llevar un estilo de vida próspero y de tener facilidad de hacer inversiones para el futuro. También me permite aportar a aquellas causas que son importantes para mí y apoya el crecimiento del mensaje de Mujer Holística en el mundo. Finalmente, una buena relación con el dinero me permite sentir seguridad financiera en caso de un problema de salud, frente a una emergencia o ante cualquier imprevisto que pueda surgir. La libertad financiera para mí es poder mantener el mismo estilo y nivel de vida que tengo, y hacer lo que deseo sin preocuparme por el dinero.

Yo defino una relación exitosa con el dinero con la frase «El dinero siempre está aquí conmigo, apoyándome».

Una buena relación con el dinero nunca se define en términos de montos monetarios, sino en términos de aquellas cosas que el dinero te permite hacer. En capítulos anteriores, has explorado el valor de las cosas que no son cuantificables, como tu paz, las relaciones, los viajes y tu capacidad de compartir tu mensaje con el mundo. Regresa a esa lista y utilízala como guía para definir qué es para ti una relación exitosa con el dinero.

Algunas preguntas que te puedes hacer para definir el éxito con el dinero:

- ¿Qué emociones quiero sentir con el dinero?

- ¿En qué me gustaría que el dinero me apoyara?

- ¿Qué significa para mí la libertad financiera?

- ¿Qué haría si tuviera absoluta libertad financiera?

- ¿Cuál es mi estilo de vida ideal?

- ¿Cómo apoya el dinero mi propósito de vida y el mensaje que vine a transmitir al mundo?

Si tuvieras que hacer una afirmación de lo que es el éxito con el dinero, ¿cuál sería?

En este ejercicio no hay respuestas correctas ni incorrectas; todo depende de ti y tus deseos en la vida. El objetivo es cambiar la definición del éxito de algo monetario a algo que sientes y lo que te permite hacer. Recuerda, los montos de dinero siempre son relativos y lo externo cambia, pero si logras un sentido de seguridad y libertad con respecto a él, te acompañará siempre, incluso en medio de crisis económicas, épocas de inseguridad o cambios en tu vida.

El juego de la vida

Ahora que has definido una relación exitosa con el dinero en virtud de la libertad que te proporciona, de todo lo que puedes hacer, haz una lista de cien experiencias, aventuras o cosas que tendrías si disfrutaras de una relación así con él.

VISUALIZACIÓN: LA DIVINIDAD EN UN BILLETE

La visualización que comparto contigo a continuación es uno de los ejercicios favoritos de la comunidad de Mujer Holística. El principio de esta es la práctica de transfigurar, ver más allá de la forma y conectar con la esencia divina que existe en todo. Cuando logras ver el dinero como una energía divina, te es más fácil conectarte con su amor incondicional.

Para este ejercicio necesitas un billete cualquiera. Toma el billete en tus manos y siéntate en un lugar cómodo, con los ojos abiertos.

Haz un par de respiraciones profundas y conecta con tu corazón sintiendo la gratitud por este momento presente. Luego, imagina que en tu corazón tienes un cristal color verde que expande su luz con cada inhalación y cada exhalación. Este cristal te llena de amor.

Ahora, trae a tu mente imágenes que se relacionen con el amor. Por ejemplo, el amor por tu familia, por tus hijos o por tu mascota. Siente la expansión en tu corazón cuando piensas en las cosas que amas.

Acto seguido conecta con el tercer ojo —en tu frente, en medio de tus dos ojos físicos— y siente la energía en él. Visualiza un remolino que se expande con cada inhalación y exhalación, y que abre cada vez más tu visión del mundo. Con tu tercer ojo puedes ver más allá de lo que alcanzan a ver tus ojos físicos. Imagina que el remolino se abre y te conecta con las estrellas, con las galaxias y con la fuente de todo. Abre tu tercer ojo para ver la verdad divina en la totalidad de lo que te rodea.

No apartes la vista del billete que sujetas durante toda esta visualización. No te distraigas mirando hacia los lados ni pensando en otras cosas. Puedes parpadear de manera normal, pero intenta mirarlo fijamente el máximo tiempo posible.

Observa el billete sin juicios, sin apegos, y, si llegan pensamientos, permite que continúen su camino.

¿Qué forma tiene?
¿Qué color tiene?
¿Qué textura tiene?
¿Qué emociones evoca en ti?

Sé consciente de que el billete es un pedazo de papel que procede de un árbol. Continúa observándolo.

Cada vez que cruce por tu mente un pensamiento que diga algo sobre él —por ejemplo, «Esto es dinero, se utiliza para comprar algo»—, simplemente deja que los pensamientos sigan su camino y no te apegues a ninguno. Permite que continúen y regresa a la observación del papel que sostienes.

Ahora comienza a imaginar que todas las partículas de ese papel tienen una chispa de luz. Las chispas brillan y el papel parece perder su forma y se convierte en una energía en movimiento. La divinidad se manifiesta en todo, incluyendo el billete y todo lo que te rodea. Reconoce que no hay diferencia entre las cosas materiales y la divinidad: todo es una expresión de la luz divina, todo está formado por estas chispas de luz.

La misma energía que hay en ese papel está también en tus manos, en tus piernas, en tu cuerpo físico y en el aire que respiras. Ese papel procede de la madre tierra, igual que tú.

Sigue mirando el billete y observa cómo no hay diferencia entre él y el resto de las cosas físicas que te rodean: la mesa, tu cuerpo, tu ropa. Es todo energía divina en forma.

A continuación conecta con tu corazón, sintiendo la expansión, y lleva ese amor de tu corazón a ese billete. Esto puede traer muchas emociones; quizá te entren ganas de llorar o sientas tristeza. También puedes experimentar un amor profundo e incluso agradecimiento. Extiende tu amor hacia ese pedazo de papel.

Al reconocer la divinidad en absolutamente todo, incluso en aquellas cosas que tienen una carga tan fuerte energéticamente como el dinero, conectas con niveles más profundos de la creación. Todo es la divinidad en forma, incluso el dinero.

Acerca el billete a tu corazón, agradeciendo esta lección espiritual. Pide a tus mentores y Ser Superior que te guíen hacia una relación armoniosa con la energía del dinero y que te ayuden a ver siempre más allá de tu sistema de creencias para poder conectarte con el amor infinito.

Finaliza la meditación tomando una respiración profunda. Agradece a la vida que te brinde la oportunidad de ver la verdad detrás de todo, incluso las cosas más densas del mundo. Agradece a los ángeles y a la divinidad que te ayuden a sanar, perdonar y caminar exitosamente de la mano con la energía del dinero hacia una nueva realidad financiera.

 Descarga el audio de esta meditación en www.mujerholistica.com/libro-amo-el-dinero.

4

Tu nueva relación con el dinero

PROGRAMA UN NUEVO SISTEMA DE CREENCIAS

En los dos capítulos anteriores de este libro has trabajado en neutralizar la energía del dinero y limpiar los patrones que has heredado y aprendido de esta energía. Al hacer esto es como si recibieras un papel en blanco que te permite escribir una historia nueva que esté alineada con lo que realmente deseas para tu vida. En este capítulo trabajarás en plasmar sobre ese papel en blanco los valores, las emociones y las nuevas creencias que serán el pilar que sostendrá tu nueva historia con el dinero. Lo más bonito de esta sección es que, una vez que tengas una nueva visión del dinero, tu realidad entera se transformará y serás libre no solo para manifestar más dinero a tu vida, sino también para impactar en el mundo de maneras increíbles.

Convierte tu mente en tu mayor aliada

El primer paso es que te conviertas en la mejor amiga de tu mente. Ella es tu mejor aliada en este proceso y te será de gran ayuda para crear físicamente la realidad que deseas. Al contrario de lo que quizá hayas oído, tus pensamientos y tu mente no son malos: la mente humana es increíblemente adaptable y generosa, y trabaja sin cesar para que puedas navegar por la vida de manera segura y exitosa. Una mente bien entrenada te buscará recursos y situaciones que apoyen tu misión en este planeta.

Un bebé nace sin un sistema de creencias para filtrar y entender el mundo. No lo conoce, no habla un idioma, no entiende una cultura o las reglas para vivir en la sociedad. Durante años sus padres y entorno se encargan de hacerle llegar la información que necesita para que pueda aprender cómo navegar por el mundo como un adulto. Así puedes ver cómo la mente humana consigue adaptarse a su entorno fácilmente y es programable con códigos y programas que luego esta ejecuta en la realidad. Ahora imagina que tu mente está entrenada para buscarte oportunidades que te permitan ganar más dinero de una forma fácil, fluida y gozosa. ¿No sería maravilloso? Esto es posible y, además, no es complicado; de hecho, es muy sencillo y lo aprenderás en esta sección del libro.

No obstante, debo decirte que el éxito de este sistema de creencias depende de ti. Tú eres la que estás liderando tu vida y la que decides si quieres que el cambio sea fácil o difícil, exitoso o fallido, que funcione o no para ti. Tu vida entera depende de tus decisiones y de tu percepción del mundo, no de tu historia pasada. Observa el gran regalo que te da la vida de poder volver a escribir tu historia con el dinero y crear una nueva que no solo te empodere a ti, sino también a tu familia y al mundo entero.

Afirmación del dinero:
«Gracias, vida, por el regalo de permitirme crear una nueva relación con el dinero».

Creando tu nuevo código del dinero

Como has aprendido hasta el momento, un código energético es un conjunto de energías compuesto por frecuencias, sistemas de creencias, emociones y percepciones del mundo. En esta sección vamos a crear un nuevo código del dinero alineado con la verdad divina y la abundancia infinita. Este es un proceso maravilloso porque te enseña todas las posibilidades que tienes frente a ti en todo momento.

Visualizando tu código del dinero como un cristal

Una de las formas como la mente aprende un nuevo sistema de creencias es a través de la visualización. Las visualizaciones son muy poderosas porque le enseñan la visión del futuro de manera segura. Así, ella aprende tus deseos y encuentra modos de buscar los recursos, oportunidades y situaciones que te ayudarán a llegar allí. Cuanta más información y detalles le entregues a la mente, más alineada será la realidad que manifiestas a tus sueños.

Para instaurar el nuevo código energético del dinero vamos a utilizar la visualización de un cristal. Visualiza un cuarzo transparente, con bordes pulidos y con destellos de luz azules, dorados y magenta. Imagina este cristal frente a ti y observa sus distintos ángulos y su brillo. Si lo tuvieras en las manos lo sentirías suave, frío y energéticamente poderoso. Visualiza que este cristal es la clave mágica para atraer dinero a tu vida y que contiene toda la información que necesitas para lograrlo. Una vez que hayas creado la imagen completa de tu cristal en tu mente, puedes ponerle un nombre; por ejemplo, el cristal del dinero, la fortuna, las posibilidades, la expansión… También puedes escoger un nombre que te guste, como Atlas, Selenita, Luz… Ponte creativa y escoge un nombre que te genere amor, cariño y confianza.

Luego, visualiza que este cristal contiene un código específico en su interior; puedes visualizarlo como números o geometría sagrada insertados dentro del cristal. El código que visualizas contiene toda la información de tu relación con el dinero, incluyendo sistemas de creencias, emociones y valores. Los cristales son únicos para cada ser humano y están diseñados para reflejar lo que cada persona desea vivir.

Puedes visualizar que tu cristal te acompaña en todo momento, entregándote información sobre tu entorno, oportunidades para ganar más dinero, y dándote apoyo para que veas que tu nueva realidad es posible. Tu cristal es tu tesoro, tu mejor amigo y tu mayor fan; ¡quiere que seas exitosa! A mí me gusta visualizar que mi cristal vive flotando en la esquina superior derecha de mi campo energético y me acompaña siempre amplificando las bendiciones en mi vida y recordándome que estoy sostenida en todo momento. Es importante ir creando una relación amorosa con este ente energético porque, cuanta más energía, atención y amor le pongas, más fuerte será en tu vida. Puedes hablarle, hacerle preguntas y consultar las decisiones que has de tomar con relación al dinero, y sentir sus respuestas en tu cuerpo físico. Cuanto más fortalezcas la relación con este cristal, más fácil te será sentir las respuestas e interpretarlas.

Codificando el cristal del dinero

Una vez que establecemos cómo se ve el cristal y creamos una relación con él, es el momento de entregarle la información que necesita para interpretar la realidad. Puedes visualizar que esto es como un ordenador que necesita el software del programa que deseas utilizar. Una vez instalado el software, tu pantalla podrá desplegar el programa y podrás hacer uso de él. El código que instalarás en este caso es exclusivo, único, solo para ti, y por eso lo debes diseñar tú misma.

Paso 1: Determina las emociones que quieres programar en tu cristal

El primer código que instalaremos en tu cristal contiene las emociones que quieres sentir con el dinero. Las emociones son importantes por dos razones. La primera es que determinan la frecuencia en la que estás vibrando y, por ende, lo que vas a magnetizar de vuelta a tu vida. Cuando vibras en una frecuencia alta, estás más cerca del código divino del dinero. Esto te permite entender mejor el mundo y responder a situaciones relacionadas con el dinero desde una posición alineada con la verdad divina.

La segunda razón por la que las emociones son importantes es que actúan como punto de referencia en tu relación con el dinero. Te sirven como una guía para entender si tus decisiones financieras están alineadas con tu cristal del dinero. Por ejemplo, si una de tus emociones es paz y llega a ti una oportunidad laboral que te trae estrés, preocupaciones o ansiedad, entonces definitivamente esta oportunidad laboral no está alineada con la relación que quieres tener con el dinero y, al final, tendrás algún tipo de consecuencia a causa de ello.

La nueva persona que eres, la que tiene una visión distinta del mundo en este momento, escoge mantener una buena relación con el dinero y lo mide mediante sus emociones. Atrás ha quedado sentir miedo, frustración, culpa o rabia por el dinero. Las nuevas emociones te ayudan a determinar si estás alineada con tu nueva versión y el futuro que deseas crear.

Escoge las cuatro emociones base

Hay muchas emociones que puedes sentir con respecto al dinero. Para este ejercicio te recomiendo escoger cuatro emociones base que serán las que determinarán el código de este cristal. Luego, puedes escoger cuantas emociones secundarias quieras para apoyar esas cuatro. También es importante que sepas que tus emociones pueden cambiar en cualquier instante; dependen de la etapa de vida en la que estés y lo que quieras vivir en ese momento.

¿Cómo te gustaría sentirte con el dinero? Algunos ejemplos de emociones que puedes utilizar para programar tu cristal son la paz, la gratitud, el amor, el apoyo, la fluidez, el respeto, la expansión, la felicidad, la seguridad, el placer y el goce.

Anota las cuatro emociones más importantes que desearías sentir a diario con el dinero:

1.

2.

3.

4.

Oro líquido

¡Felicidades! Has logrado programar la primera parte del cristal del dinero. ¿Cómo te sientes al saber que tienes el poder de elegir tus emociones con respecto al dinero?

Paso 2: Determina los valores que guían tu relación con el dinero

Los valores son una parte importante de esta experiencia humana porque te ayudan a determinar si estás actuando coherentemente con respecto al mundo que deseas ver y vivir. Tener claro cuáles son tus valores personales contribuye a atraer y contener el flujo de dinero, y te indica cuándo es necesario establecer límites o decir «no» ante una situación.

Para entender cómo los valores guían la energía del dinero, imagina que esta es como el agua que brota de un manantial ininterrumpidamente y que se halla en constante movimiento. Los valores son la tierra que forma la ribera, la orilla, de un río que dirige el caudal de agua hacia el mar. Los valores ayudan a que el agua no se salga del curso e inunde todo a su alrededor. La ribera del río aporta contención y dirección; también ayuda a mantener el ecosistema y los seres vivos que habitan en él. El equilibrio de la madre tierra siempre es perfecto y lo mismo ocurre con la energía del dinero.

Los valores también son muy importantes en la relación con el dinero por la cantidad de poder que sostiene este en la sociedad actual. Si no tienes claro cuáles son tus valores de vida, puedes caer en una búsqueda por acumular ese poder o cosas materiales en exceso, desconectándote de tu corazón. Los valores son tus raíces, y tu regreso al corazón son los cimientos sobre los cuales construyes la relación con la energía divina del dinero y de todo lo que te rodea. Algunas preguntas que puedes hacerte para determinar tus valores son:

- ¿Qué es importante para ti en la vida?

- ¿Cómo podría tu cristal del dinero apoyar el mundo?

- ¿Tu cristal del dinero está alineado con tu versión del futuro que quieres anclar?

- ¿Tu cristal cuida de otros y del medio ambiente?

Cuanto más sólido energéticamente sea el cristal del dinero, más dinero podrás recibir y, asimismo, más dinero podrás entregar de vuelta al mundo. Si tu contenedor energético que sostiene tu dinero es débil, aceptarás situaciones u oportunidades que quizá no están alineadas con esa máxima versión de quién quieres ser o que van en contra de tu integridad. Si no tienes claro lo que es importante para ti, tu mundo externo reflejará esa confusión interna y hará que tu energía de creación y manifestación se diluya y pierda poder. También abrirá el espacio para el miedo, la envidia, sentimientos de comparación o situaciones que no están alineadas con la energía del amor. Tú eres quien dices qué eres; en consecuencia, crea una buena historia para ti. Para programar tu cristal del dinero con tus valores debes escoger los cuatro valores más importantes para ti. Al igual que con las emociones, puedes poner al lado algunos valores secundarios como complemento de los principales. Los valores principales que elijas pueden cambiar a lo largo de tu vida, por lo que puedes ir actualizando el cristal a medida que vayas descubriendo qué es importante para ti en tu relación con el dinero.

Algunos valores que te ayudarán a contener un alto flujo de dinero son:

- ✓ Amor
- ✓ Compasión
- ✓ Compromiso
- ✓ Comunicación
- ✓ Comunidad
- ✓ Conciencia
- ✓ Confianza
- ✓ Contribución
- ✓ Creación
- ✓ Curiosidad
- ✓ Dedicación
- ✓ Disciplina
- ✓ Equilibrio
- ✓ Ética
- ✓ Fe
- ✓ Fuerza
- ✓ Generosidad
- ✓ Gratitud
- ✓ Honestidad
- ✓ Humildad

- ✓ Igualdad
- ✓ Integridad
- ✓ Justicia
- ✓ Lealtad
- ✓ Libertad
- ✓ Pasión
- ✓ Perseverancia

- ✓ Resiliencia
- ✓ Respeto
- ✓ Sabiduría
- ✓ Servicio
- ✓ Transparencia
- ✓ Valentía

Anota los cuatro valores más importantes que dirigen el flujo de energía del dinero en tu cristal:

1.

2.

3.

4.

 Oro líquido

Disuelve el juicio sobre las decisiones de otros.

¿Por qué hay personas que hacen daño en el mundo e igualmente ganan dinero? Esa es una de las preguntas más comunes que recibo. La madre tierra sostiene billones de realidades simultáneamente, sin juicio, y permite que todas las almas puedan explorar esta realidad aprendiendo las lecciones que su alma pactó. Esto es parte del juego de la creación de la realidad en el planeta. Hay ciertas reglas universales que todas las almas aceptaron como parte de la experiencia, como, por ejemplo, la ley de causa y efecto o la de la atracción, que explican que tú recibes de vuelta lo que emites al campo. Las personas que actúan dañando al mundo están emitiendo una frecuencia de dolor, miedo, ataque o escasez sobre la frecuencia colectiva. La manera en la que la energía se refleja de vuelta en su realidad es algo que no se puede controlar. Aunque no estén recibiendo de vuelta la energía reflejada en cantidades de dinero, te garantizo que estas frecuencias están causando algún tipo de distorsión sobre su realidad proyectada. Es importante entender que este resultado no es un castigo merecido que les inflige el universo. El universo no juzga. Es simplemente el resultado de las leyes universales; la construcción de la realidad es muy sencilla, y las reglas van más allá de las opiniones o actos individuales; siempre se cumplirán. La madre naturaleza sostiene a la creación entera bajo estas reglas, y esto permite que cada alma tenga libre albedrío y pueda escoger su camino. Si otros seres humanos roban, estafan o mienten por dinero, allá ellos: esas son sus decisiones y su camino personal. Así como la opinión de otros sobre ti no es tu responsabilidad, tampoco tu opinión es responsabilidad del otro. Tu cometido es asegurarte de hacer el cambio de paradigma interno para ser la mejor persona que puedes ser sobre este planeta; el resto de la realidad se acomodará a ello. No aceptes nada en tu espacio energético que no esté alineado con quien eres y lo que deseas para tu futuro y el de la humanidad; esto incluye también los pensamientos de comparación o juicio sobre otros y su relación con el dinero.

Paso 3: Dibuja tu nuevo cristal del dinero

Si te sientes creativa, puedes dibujar el nuevo cristal del dinero como desees en una hoja aparte o puedes utilizar el cristal que comparto contigo aquí y decorarlo con todo el amor, cariño y respeto que esta nueva relación se merece. En mi caso, he dibujado un cristal con la forma de una estrella de ocho puntas. En cada punta he escrito de forma alterna las emociones y valores.

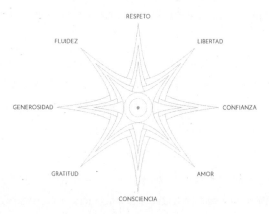

Paso 4: Escoge las creencias que quieres programar en tu cristal

Esta es mi etapa favorita en la creación del cristal del dinero porque es el espacio en el que puedo determinar qué quiero creer sobre mi vida con completa libertad. Como has leído en las páginas precedentes, tu sistema de creencias es el filtro por el cual ves, entiendes y percibes este mundo. Una vez establecidos los parámetros que dirigen el flujo de energía, que son las emociones y los valores, puedes definir qué sistemas de creencias sostiene tu cristal del dinero.

Cómo escoger tus nuevas creencias

Hay miles de combinaciones de creencias sobre el dinero que puedes escoger. A veces, elegir un sistema de creencias puede experimentarse como una tarea sin fin. Porque cuando crees que tienes el sistema de creencias perfecto para ti, el universo te enseñará inevitablemente algún espacio en el que no has sido lo bastante clara con lo que deseabas manifestar con el dinero o una nueva creencia que no sabías que necesitabas o que existía. Entonces, la primera regla para escoger tus nuevas creencias es tener flexibilidad y ser consciente de que tu código de creencias no dejará de cambiar. Día a día lo refinarás, alineándolo más con tu verdad y con quien eres, y trayendo también conocimiento a medida que vayas creciendo. Por ejemplo, antes de ganar grandes cantidades de dinero yo no sostenía sistemas de creencias sobre la inversión, los impuestos o el manejo de grandes cantidades de dinero. No conocía los parámetros con relación a los cuales se mueve el dinero en grandes cantidades en el planeta. Una vez que fui aprendiendo, tuve también que trabajar mi sistema de creencias para poder adaptarme a esta nueva realidad económica. A medida que vas creciendo económicamente, es natural que tu conocimiento también crezca y que cambies tu forma de percibir tu mundo. Esto no es ni bueno ni malo; simplemente es parte del crecimiento y la expansión de tu situación económica.

Hay muchas formas de elegir tu nuevo sistema de creencias. Te recomiendo que escojas creencias para distintas áreas de tu relación con el dinero, como, por ejemplo, en torno a:

- El ahorro, el gasto, la deuda y la inversión.

- La velocidad o facilidad con la que llega el dinero a ti.

- La forma en la que generas ingresos.

- Cómo te sientes con el dinero.

- Qué cosas deseas hacer o lograr con el dinero.

- Cómo se sienten las personas de tu alrededor con tu situación económica.

- Qué crees sobre la vida y tu realidad.

- Qué te permite hacer el dinero en tu vida y cómo lo haces.

- El merecimiento.

- La confianza en el dinero, la abundancia y la creación.

A continuación te doy una lista con más de ochenta creencias nuevas del dinero. Puedes escoger las que más te gusten y agregar las tuyas propias. No hay límites por lo que respecta a cuántas creencias puede sostener tu cristal del dinero. Recuerda que, cuanto más específica eres, más información le aportas a tu mente para que ella pueda dirigir la energía y trabajar sobre el plano de la realidad entregándote recursos, oportunidades y situaciones que se alinean con lo que crees sobre el mundo. Tu sistema de creencias filtra el mundo a través del cual ves; por consiguiente, es importante que ese filtro siempre esté lo más limpio posible.

Ejemplos de creencias expansivas del dinero:

- Ganar dinero es fácil.
- El dinero llega a mí con facilidad y rapidez.
- Siento amor por el dinero.
- El dinero me ama.
- Una sociedad prospera cuando todos aman el dinero.
- El dinero ayuda al medio ambiente.
- Soy buena manejando el dinero.
- Invierto mi dinero responsablemente y con facilidad.
- Soy una excelente administradora de mi dinero.
- Las personas generosas aman compartir el dinero.
- Los ricos tienen más para compartir.
- Me permito desear más dinero.
- Con más dinero puedo ayudar más.
- Merezco ser rica.
- Merezco vivir en la abundancia.

- Se siente natural vivir en la abundancia.

- El dinero me acompaña en mis aventuras vitales.

- El dinero apoya mi misión de vida.

- El dinero apoya mi generosidad.

- Trabajo menos tiempo y gano más dinero.

- El proceso de ganar más dinero es fácil.

- Hay suficiente dinero para que todas las personas del planeta vivan bien.

- El dinero es fácil de ganar.

- Cuanto más dinero gano, más conocimiento adquiero.

- Cuanto más conocimiento adquiero, más dinero gano.

- Cuanto más amor entrego al mundo, más dinero llega a mí.

- Hay mucho dinero en el mundo.

- Veo dinero en abundancia a mi alrededor.

- Soy merecedora de unos ingresos más altos.

- Es sencillo ganar más dinero.

- Las personas me pagan por mis servicios con amor y facilidad.

- Es sencillo manejar el dinero.

- Es fácil salir de la pobreza.

- Es fácil salir de la deuda.

- Siempre tengo dinero en exceso para cubrir todos mis gastos y necesidades.

- Puedo ganar mucho dinero en poco tiempo.

- Saldo mis deudas con rapidez y facilidad.

- Mi negocio es próspero económicamente.

- Veo el mundo desde la generosidad económica.

- Ser rica está en mi destino.

- Soy y siempre seré próspera económicamente.

- El dinero llega a mí en grandes cantidades de distintas fuentes.

- Los ricos son generosos.

- Mi trabajo tiene un valor económico y me remuneran justamente por ello.

- Puedo tener libertad y dinero.

- Soy libre de desear el dinero.

- Puedo tener una familia feliz y también mucho dinero.

- La economía de mi país es independiente de la cantidad de dinero de mi cuenta bancaria.

- Yo determino cuánto dinero quiero ganar.

- Yo creo oportunidades allí adonde vaya.

- Mis ahorros e inversiones crecen a diario.

- Las personas que me quieren me apoyan para ganar más dinero.

- Soy una mujer independiente que puede manejar su propio dinero.

- Tengo una buena relación con el dinero y sé manejarlo responsablemente.

- Tengo mucho dinero a mi alrededor.

- El dinero sigue mis órdenes.

- Vibro en la frecuencia del dinero.

- El dinero siempre está a mi lado.

- El dinero es energía divina.

- El dinero trae el bien.

- El dinero es importante.

- El dinero facilita la vida.

- Soy rica y soy honesta.

- Las personas millonarias tienen amigos verdaderos.

- Es bueno querer más dinero.

- Los ricos son felices.

- Soy millonaria, amorosa, humilde y feliz.

- Es seguro hablar del dinero con otros.

- Tengo todo lo que necesito en mí para ganar más dinero.

- Tengo todo el conocimiento que necesito para ganar más dinero.

- Hay cientos de formas de ganar más dinero en el mundo.

- Los recursos y las oportunidades para ganar más dinero sobran.

- En mi profesión es fácil ganar dinero.

- El dinero simplifica la vida.

- Nací programada para la riqueza.

- El dinero llega con facilidad a la gente generosa y con gran corazón.

- Confío en que el dinero siempre llegue a mí.

- Mi salario me alcanza para ahorrar, invertir y disfrutar del dinero.

- Hablo de mi relación con el dinero con confianza.

- Mi situación económica actual es temporal y escojo aprender otras lecciones con el dinero.

- Crezco con el dinero.

- Tengo una excelente situación económica.

- Sé manifestar dinero con facilidad.

- Trabajo a diario con la energía del dinero.

- Veo el dinero manifestado en mi realidad.

- El dinero llega en grandes cantidades a mi vida y de fuentes inesperadas.

Te recomiendo escribir de tu puño y letra tu nuevo sistema de creencias en un cuaderno aparte. Esto ayudará a que tu mente lo integre como tu nueva verdad. Además, te aconsejo utilizar estas frases como afirmaciones poniéndolas como recordatorios en tu móvil, en notas que dejas por las distintas estancias de tu casa o en otros cuadernos. Recuerda que tu mente aprende a través de la repetición; por ende, es importante repetir estas creencias para que se vuelvan naturales en ti y se conviertan en tu filtro del mundo sin que tengas que pensar en cada una de ellas en todo momento del día.

Paso 5: Crea la historia de tu realidad

¡En este punto creamos magia con el dinero! Uniremos tus emociones, valores y creencias para crear una historia maravillosa con el dinero.

Todos los seres humanos, de manera inconsciente, crean historias complejas sobre sus vidas. Se cuentan historias sobre los lugares en donde están, cómo funciona su mundo y cómo se relacionan con otros. Luego, viven estas historias como protagonistas de su propia película sin darse cuenta de que ellos mismos escribieron el guion. Además, crean patrones de comportamiento que sostienen esa realidad creada en su mente. Después, a través de estos patrones de comportamiento, recrean la misma historia y la justifican para seguir actuando de la misma forma. Como has leído al principio de este libro, el ciclo de creencias limitantes no se cambia hasta que se interrumpe. Las historias que vas a escribir sobre tu realidad económica son el patrón disruptivo que cambiará el ciclo de creación de tu realidad.

Las historias que escribirás sobre el dinero a continuación te ayudan a justificar, explicar y ejecutar lo que deseas ver en tu realidad. Esta historia puede hacerte sentir segura de ti misma y tu relación con el dinero o puede hacerte dudar de lo que deseas; por eso es importante construirla con una visión, emociones, valores y sistemas de creencias que te empoderen. La magia de esta práctica es que eres libre de soñar y escribir un futuro del todo distinto para ti. Recuerda que ninguna historia que oigas es completamente objetiva; siempre varía según el observador. Esto lo puedes utilizar a tu favor y crear historias sobre tu vida que, en lugar de justificar una mala relación con el dinero, sostengan una buena relación con esta energía.

Hay otra razón por la que estas historias son también muy poderosas. Ellas entregan a las personas que hay a tu alrededor una visión de tu mundo para que otros puedan entenderte mejor. Las historias que cuentas a otros sobre ti misma son parte de tu presentación al mundo y apoyan el modo en que te relacionas con tu entorno. Entonces, observa también cómo describes tu realidad a otras personas. Por ejemplo, si has crecido en un hogar en el que no había suficiente dinero para cubrir las necesidades básicas, puedes contar una historia alrededor de esto que te sostenga en la frecuencia de la lástima o que justifique la escasez en tu vida. Esta historia puede estar basada en la queja constante por el dinero, o bien puedes escoger contar esa misma historia como una fuente de inspiración para ti y para otros. Las personas que están escuchando tu historia de la infancia no la vivieron contigo; en consecuencia, no saben cuál de las dos historias es la verdadera. La verdad depende de ti y de cómo tú la describas y vivas. Esta visión te da completa libertad para describir tu relación con el dinero en función de cómo desees vivirla de este momento en adelante.

Oro líquido

Escribe tu historia de amor con el dinero. Describe dónde estarás en un año, dos o cinco, y cómo te sientes. Para este ejercicio no tienes que conocer necesariamente los detalles de tu vida del futuro; enfócate en tu relación con el dinero y cómo te sientes con él. Por ejemplo:

En un año: He logrado sentirme segura con el dinero y agradecer su presencia en mi vida. He cambiado la manera en que hablaba sobre él y comenzado a hacer las afirmaciones diarias sintiendo la emoción de gratitud por su presencia a mi lado. Poco a poco, he empezado a notar cómo las personas a mi alrededor hablaban del dinero y he podido observar la diferencia en la manera positiva en la que yo me relaciono con él. También he logrado manifestar un aumento de sueldo y hacer ese viaje a Asia que tanto anhelaba. Incluso me siento distinta con respecto a cómo me relaciono con las deudas o los pagos mensuales; ¡ya no me molestan! Hoy tengo suficiente dinero para pagar todos mis gastos mensuales y para ahorrar también. Me siento en paz, tranquila y muy agradecida con el dinero.

En dos años: Increíble pero cierto: ¡todo ha cambiado en mi vida! He logrado manifestar el apartamento de mis sueños y dar la entrada en efectivo. También, con la ayuda de una amiga, lo he decorado divinamente y me siento muy cómoda trabajando desde él; además, puedo disfrutar de unos atardeceres preciosos. El dinero me ha acompañado en todo este camino y me ha revelado cómo puede crear milagros en mi vida. Además del apartamento, estoy planeando un safari en África, ¡un sueño que siempre he tenido! Pero eso no es todo. Ahora también puedo ir al supermercado y comprar todo aquello que deseo sin culpabilizarme por lo que gasto, y hasta me alcanza para darme un masaje todas las semanas. Me siento en paz y tranquila con el dinero, y juntos seguimos fortaleciendo nuestra comunicación y relación. Me siento tan tranquila con él que ya no es una preocupación. Ello ha mejorado no solo mi situación económica, sino también mi salud. He dejado de tener dolores de cabeza y estrés a causa del dinero. ¡Siento que se me ha quitado un gran peso encima en los dos últimos años! Soy feliz con el dinero, lo amo.

En cinco años: Mi relación con el dinero se ha fortalecido año tras año y hoy puedo decir que tenemos una relación de amor, respeto y comunicación clara. ¡Sueño junto con el dinero! Aunque parezca difícil de creer, sostengo conversaciones amorosas con él en mi mente y escucho sus consejos. Puedo entender hacia dónde tengo que dirigir mi energía y que no está alineada con la persona que deseo ser en este momento. Asimismo, le cuento al dinero los viajes que quiero hacer y finalmente entiendo cómo me apoya en mis aventuras de vida. Lo mejor de todo es que mi situación económica y relación con el dinero han influido positivamente a las personas de mi alrededor. Ahora mis padres y hermanos también están transformando su relación con el dinero y han logrado manifestar más abundancia en su vida. Atrás quedaron las quejas por la situación económica, las discusiones familiares y los malos momentos. Parece que estoy hablando de una relación lejana en el tiempo que ya he dejado atrás, pero no es así. Solo han pasado cinco años y ahora soy una persona completamente distinta a la que era entonces, y no volvería nunca a ese tiempo pasado.

Ahora es tu turno de tomar tu cuaderno y contar tu historia de amor con el dinero con todo lujo de detalles. Recuerda poner mucho énfasis cuando expongas cómo ves el mundo y cómo te sientes con el dinero a tu lado.

▶ El juego de la vida

En tu cuaderno, anota cien cosas que desearías hacer, tener o vivir con tu nueva situación financiera. ¡No hay límites en cuanto a lo que puedes soñar! Si te gusta viajar, visita blogs de viaje y anota todos los hoteles, lugares y experiencias de los que podrías disfrutar. Si deseas una casa nueva, busca revistas de arquitectura y decoración. Si lo deseas, puedes también crear un tablero digital con fotos de todo lo que quieres manifestar con el dinero en el futuro. Sueña libremente y siente la ilusión al plasmar sobre un papel en blanco todo lo que deseas.

Paso 6: Activando tu nuevo cristal energéticamente

El último paso de este proceso es activar el nuevo cristal del dinero para que brille en la frecuencia del amor y sea un reflejo de tu corazón, tus emociones y los valores que son importantes para ti.

Primero, respira profundamente centrándote en el momento presente y lleva tu atención al corazón. Visualiza que tu corazón se expande con cada inhalación y se contrae con cada exhalación. Acto seguido, visualiza raíces profundas que salen de tus pies y te conectan con el centro de la Tierra. Siente el latido de la madre tierra bajo tus pies y conecta con su contención y nutrición. Una vez que te sientas conectada con la tierra y enraizada, visualiza que de tu coronilla sale un hilo dorado que crea una conexión directa con el sol. Crea la conexión entre la tierra y el cielo. Luego, vuelve a traer la atención a tu corazón, sintiendo el equilibrio en ti.

Ahora, visualiza el cristal del dinero que has dibujado frente a tu corazón. Obsérvalo sintiendo amor y gratitud. Luego, imagina que estas emociones emanan desde tu corazón y que rodean la totalidad del cristal con chispas blancas y doradas, cubriéndolo todo y activando la luz en él.

Una vez que sientas la conexión desde tu corazón con el cristal, solicita que penetre la sabiduría divina de tu Ser Superior y pídele que elimine cualquier creencia distorsionada del dinero, rastros de dolor, miedo y escasez relacionados con esta energía. Pídele también que limpie de tu campo cualquier resistencia, miedo, frecuencias de densidad o creencias limitantes que estén obstaculizando el flujo del dinero en tu vida.

Después, solicita que la sabiduría divina de tu Ser Superior active este nuevo cristal en tu campo energético y que le agregue la información única necesaria para tu crecimiento, expansión y máxima prosperidad. El nuevo sistema de creencias e información que tu Ser Superior agregará está diseñado de manera única para ti, de acuerdo con tus necesidades y propósitos. Confía en que la sabiduría divina en su amor infinito puede observar aquellas áreas que quizá aún se hallan en la oscuridad y ayudarte a iluminarlas.

Ahora, agradece a la energía del dinero que te acompañe en este proceso y te abra a un crecimiento mayor. Además, agradece a la energía del dinero todo lo bueno que puede traer al planeta y la limpieza profunda del dolor, el miedo y la escasez del mundo.

Finalmente, lee en voz alta el siguiente código de creencias universales de la abundancia para anclar esta frecuencia en tu campo energético:

La abundancia es infinita.
Soy una expresión de la abundancia
de la madre tierra.
Vivo en el momento presente conectada
con la abundancia infinita de la naturaleza.
Fluyo y me expando siguiendo las leyes
de la naturaleza.
Soy la creadora de mi realidad y todo ocurre
por mí, para mí y a través de mí.
Soy la expresión del amor sobre la tierra.

Para terminar, agradece a tu Ser Superior, a tus guías y a la madre naturaleza toda la energía de abundancia y sanación que te entregan a diario. Solicita que el nuevo código de creencias que has instalado continúe activándose en tu campo y que todo el trabajo que has hecho sea para tu máxima expansión, libertad y soberanía, y por el bien de toda la humanidad. Cierra el espacio energético con gratitud y regresa al momento presente siendo consciente de que has instalado un nuevo sistema de creencias del dinero en tu campo que impactará positivamente en tu vida.

 Escucha el audio guiado de esta visualización en www.mujerholistica.com/libro-amo-el-dinero.

CONSEJOS PARA APOYAR TU NUEVO SISTEMA DE CREENCIAS

A continuación, comparto contigo algunos consejos adicionales que te ayudarán a fortalecer este nuevo cristal del dinero en tu campo.

1. Practica la presencia plena

Cuando vives en el presente, en plena aceptación del momento tal cual está ocurriendo, es más fácil observar tus pensamientos y detectar las creencias limitantes que estás teniendo, para así poder corregirlas. En cambio, si vives en automático, tiendes a reaccionar a las situaciones sin pensarlo y es más probable que repitas el mismo patrón de manera inconsciente. La presencia plena te ayuda a observar mejor tu comportamiento y los pensamientos, para así poder detectar cuándo tienes que interrumpir patrones limitantes y alinearlos con unos más expansivos.

2. Cuestiónalo todo

Cuando cuestionas tu entorno, encuentras tu propia verdad. Cuestiona todo lo que ves a tu alrededor, desde lo que lees o miras hasta lo que crees sobre ti misma y el mundo. Cuestiona tus creencias y forma de ver la vida;

observa con atención lo que creen otras personas sobre su vida y las historias que se cuentan. Como he expuesto en estas páginas, es imposible que todas las almas en el planeta miren el mundo de la misma manera y, por ende, cada persona tiene libertad de generar el sistema de creencias que desea vivir en su realidad.

3. Observa las palabras que utilizas a la hora de pasar a la acción

Tu voz y las palabras que escoges dicen mucho sobre las creencias inconscientes que sostienes. Algunas palabras claves te ayudarán a detectar cuándo hay un sistema de creencias o una historia sobre ti misma circulando de modo inconsciente en tu mente que puedes corregir.

Observa cuándo pronuncias estas palabras y lo que dices después de ellas:

Yo puedo o no puedo.

Yo hago o no hago.

Yo debería o no debería.

Yo soy o no soy.

Esto funciona así o no funciona así.

Ellos hacen o no hacen.

Ellos deberían o no deberían.

Estas frases generalmente vienen de la comparación, de sentirte obligada a hacer algo, o limitan tu capacidad de pasar a la acción. Lo que dices después de estas palabras te da una clara indicación de cuándo hay un sistema de creencias o una percepción del mundo que puedes trabajar para liberar en tu campo y abrirte a más posibilidades. Si consideras que las frases que pronuncias te limitan o te hacen tener una percepción negativa sobre ti misma, utiliza las herramientas que he compartido contigo en este libro para transformarlas en una creencia que te haga sentir que sí eres capaz y merecedora de crear la realidad que deseas.

4. Conócete bien

Toma el tiempo para conocerte bien y observar cómo te comportas frente a distintas situaciones. Comparto contigo una guía con algunas preguntas que te ayudarán a conocerte mejor:

- **Observa tus preferencias:** ¿En qué inviertes tu dinero? ¿Qué te hace procrastinar? ¿Qué te mueve a actuar? ¿Qué te cuesta hacer y por qué? ¿Qué tipo de experiencias están en tu lista de deseos? ¿En qué inviertes tu tiempo durante el día y para qué te gustaría tener más tiempo? ¿Qué tipo de amistades escoges y qué conversaciones te gusta tener? ¿Cómo te gusta vestirte? ¿Qué tipo de comida te gusta? ¿Qué experiencias te gustaría vivir? ¿Cuáles son tus pasiones? ¿Qué hace que tu corazón se sienta expandido? ¿Qué te causa miedo o incertidumbre?

• **Tu comportamiento con las personas en tu vida:** ¿Qué te gustaría cambiar de ti misma frente a otros? ¿Qué es lo que más te gusta de tu personalidad? ¿Cómo te comportas frente a extraños y personas cercanas a ti? ¿Actúas distinto con aquellos de quienes buscas aprobación? ¿Te cuesta hablar con claridad cuando sientes que la aprobación o el amor son condicionados? ¿Hablas con más claridad cuando sientes confianza con la persona que está frente a ti? ¿Con qué valores sostienes las amistades en tu vida?

• **La manera en que te hablas a ti misma:** ¿Qué es lo primero que te dices a ti misma al despertar? ¿Qué te dices antes de dormir? ¿Cómo te hablas cuando te sientes desilusionada o cuando no consigues lo que quieres? ¿Te felicitas y celebras tus logros? ¿Cómo justificas cuando sabes que tienes que hacer algo y no quieres hacerlo? Si te comparas con otros, ¿qué te dices al respecto? ¿Cómo justificas una compra o una inversión grande de dinero? ¿Cómo negocias con tu mente cuando estás frente al miedo?

Conocerte mejor te permitirá crear una historia mucho más alineada con tu verdad y tus preferencias. Eso también te ayudará a entender por qué ciertas relaciones en tu vida pueden causar conflicto con el dinero. Además, te ayudará a comprender mejor tu relación con él. Recuerda: «Cuando crees que se trata del dinero, nunca se trata del dinero». Lo maravilloso del trabajo que estás haciendo es que el proceso de mejorar tu relación con el dinero también está sanando dolor ancestral, miedos, inseguridades y una historia de vida completa. Sanar es recibir todo con amor incondicional; cuando todos los aspectos de tu ser —tanto la luz como la oscuridad— sean recibidos con amor, la divinidad podrá permear todos los aspectos de tu vida. Esa luz se reflejará en abundancia infinita para ti siempre.

LOS PATRONES DE CRECIMIENTO

Hasta ahora has leído que cada ser humano crea patrones para ver y entender su mundo. Del mismo modo, también crea patrones para la forma en que decide crecer y evolucionar espiritualmente. A esto lo llamo «los patrones de crecimiento».

Los patrones de crecimiento son aquellos que llevan a un ser humano a decidir pasar a la acción y hacer un cambio en su vida. Estos se aprenden en la infancia o bien se desarrollan en el camino y se fortalecen con el comportamiento y sistema de creencias. Los patrones de crecimiento son completamente distintos para cada persona. Para algunas, es necesario perder todo lo material o sus relaciones para así despertar y decidir hacer un cambio de estilo de vida. Para otras, es necesario abandonar su vida actual y empezar una completamente diferente. Hay personas que saben que necesitan un cambio en su vida y de inmediato toman la decisión de emprenderlo. Cada patrón de comportamiento es del todo distinto y válido para esa persona. Cuando traes a la luz estos patrones y ves cómo actúas, es más fácil comprender por qué algunos cambios son fáciles y otros más difíciles. Cuando entiendes estos patrones, puedes decidir actuar de una manera distinta.

Generalmente los patrones de crecimiento se ven reflejados también en la relación con el dinero. Si observas tu historia con el dinero podrás ver que hay ciertas pautas en ella. Comparto contigo algunos patrones comunes de crecimiento con el dinero para que observes si tienes alguno de ellos.

Algunos patrones de crecimiento y de cambio comunes son:

- **El ave fénix:** Tienes el patrón del ave fénix cuando necesitas experimentar una destrucción total de las relaciones, situaciones o cosas materiales de tu vida para luego escoger renacer como esta. Para ti el cambio significa destruir en parte o completamente las estructuras de tu vida y empezar de cero con nuevas bases. Por ejemplo, dejas tu país, terminas relaciones o tiendes a tocar fondo con crisis, depresiones o adicciones que luego te llevan a emprender el cambio que deseas. Una vez que sientes que tocas fondo y no puedes continuar sosteniendo ese patrón, decides que es el momento de reconstruir tu vida.

Si tienes el patrón de ave fénix con el dinero te recomiendo observar cuándo necesitas la destrucción total para renacer (por ejemplo, una quiebra económica o endeudarte hasta un punto peligroso) y decidir conscientemente con anticipación si es necesario experimentar tu vida de esa forma. Si observas este patrón en ti puedes tomar la decisión de educarte financieramente y establecer un plan que te permita no caer en esos patrones. Las salidas, soluciones y transformaciones ocurren cuando las buscamos y tomamos la decisión de cambio.

- **La culpa:** El patrón de la culpa te mantiene en la resistencia de hacer un cambio en tu vida y generalmente surge a raíz del miedo o de pensar que no eres suficiente para eso que deseas vivir. Entonces, como forma de protección, creas situaciones en las que crees que deberías estar haciendo lo que otros esperan de ti (de lo contrario, te sientes culpable). Si este patrón te impide hacer un cambio, lo más probable es que las expectativas que crees que otros tienen de ti no sean reales o, al menos, no sean tan grandes como tú crees, pero necesitas creer que son así de grandes para impedir que el cambio suceda. La culpa es una emoción basada en un principio falso sobre ti misma y provoca mucho dolor, lo que emite esa frecuencia al campo cuántico. La distorsión que la culpa y el dolor generan en el campo, llegado el caso, traerá de vuelta a tu vida algún resultado, que en general es que la vida te obliga a dejar, de manera difícil, esa situación en la que estás. Por ejemplo, te sientes culpable por ganar más dinero que tus padres o tu pareja, te sientes culpable por reservar tiempo para tu emprendimiento cuando tienes familia, te sientes culpable por dejar un trabajo en el que tu jefe te necesita o te sientes culpable por vivir una vida cómoda desde el punto de vista económico cuando

TU NUEVA RELACIÓN CON EL DINERO

otros no tienen esas posibilidades. El problema de congelarte por la culpa es que no puedes pasarte toda la vida sintiendo esa energía sin que suceda un cambio que te obligue a pensar de manera distinta. Si el patrón de la culpa gira alrededor de cambiar tu situación económica y no haces un cambio, llegará un momento en que tu situación será tan dolorosa que finalmente te verás obligada a cambiarla, y cuanto más tarde, más difícil. Puedes visualizar que vivir en el patrón de la culpa es como una deuda con intereses altos que sigue creciendo. Cuanto más alimentes la culpa, más difícil será reparar la situación cuando llegue el cambio. Mi consejo es que, cuando sientas culpa por cualquier cosa en tu vida, intentes salir de esa situación o emoción lo más rápido posible.

- **El diamante:** Los diamantes crecen bajo presión. Las personas que tienen el patrón de crecimiento de un diamante necesitan ser presionadas para poder actuar y solo así pueden brillar. Si tienes el patrón del diamante significa que tiendes a necesitar mucha presión en tu entorno para empujarte a tomar una decisión o un cambio. En el dinero, esto se traduce en estar constantemente presionada por dinero y viviendo casi con tu cuenta bancaria a cero. Esto crea hormonas de adrenalina y un estrés constante en tu vida, lo que se vuelve costumbre y hasta adicción a estos químicos. Tu sistema nervioso desconoce la sensación de estar relajada con el dinero y vive en un estado permanente de alerta. La presión y estrés excesivos por dinero durante un largo periodo de tiempo puede tener también repercusiones en tu cuerpo físico: puedes sufrir migrañas, problemas cardiacos, depresión, cambios hormonales o efectos sobre el sistema nervioso.

Cambias este patrón tomando la decisión de modificar tu relación con el dinero sin la necesidad de tener presión externa para hacerlo. Es posible ganar más dinero e ir mejorando tu relación con el dinero sin la lucha, la dificultad o la presión. Puedes escoger el camino de la facilidad, la fluidez y la confianza. Asimismo, es importante que trabajes en regular tu sistema nervioso en torno al dinero utilizando la visualización de la divinidad en un billete que he descrito en este libro y empleando afirmaciones que te hagan sentir segura. Recuerda que el dinero no es un enemigo que te está presionando y no necesitas esa presión para cambiar: es seguro fluir y sentirte segura con el dinero.

- **Tu peor enemiga:** Cuando al hacer cambios en tu vida te castigas y te hablas mal, eres tu peor enemiga. En este patrón te obligas a hacer el cambio como un acto de amor hacia ti misma, pero al mismo tiempo eres destructiva, con pensamientos o palabras que te dañan. Quizá al actuar te reprochas, regañas, eres dura contigo misma o no cuidas de tu corazón. Por ejemplo, te obligas a dejar una relación y, en lugar de estar orgullosa por hacer el cambio, eres dura contigo misma. Utilizas palabras como «tonta», «cobarde», «mala», «no suficiente» o «no merecedora». En el dinero esto se traduce en cambiar tu relación, pero reprochándote todas las decisiones pasadas, condicionando la nueva relación o hablándote mal sobre tu nueva forma de actuar con respecto a él. Por ejemplo, podrías pronunciar una frase como «A ver si ahora mejoro y no soy tan tonta con el dinero».

Si reconoces este patrón en ti, de manera muy sutil o más intensa, te invito a emprender el cambio con más amor, compasión y entendimiento de tu proceso. Cuida de tu niña interior y protege tu corazón. Recuerda, tú eres tu mejor amiga y fan número uno, y tu mente, tu mejor aliada. Juntas son imparables y pueden conquistar el mundo entero, te lo prometo.

- **De oruga a mariposa:** El patrón de crecimiento y cambio de oruga a mariposa es uno consciente, amoroso y compasivo. Cuando estás en este patrón tomas decisiones y actúas con amor y compasión por ti misma y tu proceso. Te valoras y te das cuenta cuando hay situaciones que no te honran. Tomas la decisión de salir de esa situación como un acto de amor propio. Eres dulce y compasiva contigo misma. Además, entiendes que el cambio llevará el tiempo que sea necesario. Sabes que a veces el cambio puede ser doloroso o difícil, pero también entiendes que es para tu mayor bien y por eso lo haces. Además, entiendes el poder de tu mente y la has entrenado para que te apoye y te acompañe con amor a tu nuevo destino. Este es el patrón más alineado con la madre naturaleza, la cual nace de sí misma en el tiempo divino.

Si tienes este patrón con el dinero, ¡felicidades! Entiendes que construir la relación con el dinero lleva tiempo, que se basa en amor y crecimiento continuo, y que es una relación de por vida. Cada día que pasa logras ver resultados distintos en tu realidad y te sientes motivada a profundizar más en tu relación para descubrir todo lo que el dinero puede hacer por ti.

¡Enhorabuena! Has concluido la construcción de tu

código único del dinero y tu relación con esta energía. En el siguiente capítulo aprenderás cómo relacionarte en tu día a día con el dinero y también cómo tu código del dinero interactúa con la visión del dinero de otros. Es aquí donde verás la aplicación práctica de tu nuevo cristal y los cambios que puede generar en tu realidad.

5

Enamórate del dinero

El dinero te ama. Acéptalo.

Aquí comparto contigo algunos consejos para mantener una relación amorosa y placentera con el dinero en tu vida:

EL PODER DE LA GRATITUD

Agradece la presencia del dinero en tu vida reconociendo los detalles y las cosas pequeñas que te entrega en el día a día. La divinidad está en los detalles y en la belleza de este mundo, y cuando observas todo ello conscientemente amplificas las bendiciones en tu vida. Observa tu entorno, tu casa, tus viajes, tus experiencias, la comida deliciosa en tu mesa…, y agradece el dinero, porque todo esto es posible gracias a la relación que mantienes con él. Puedes hacer algún pequeño ritual, como recitar algo, poner música o bailar al tiempo que agradeces tantas cosas de las que te es posible disfrutar.

También da las gracias al dinero por apoyarte en cada transacción energética que realices. Cada vez que pagues por un producto, un servicio o recibas dinero, haz la práctica consciente de agradecer y pedir que esta transición energética se multiplique en abundancia para ti, para todas las personas involucradas en esa transacción y para el planeta entero.

Vive en devoción por toda la creación. Cuanto más dinero consciente hay en el planeta, más oportunidades se generan para apoyar a las personas más necesitadas en el mundo en este momento. No olvides el poder que tienes de anclar amor y prosperidad para otros a través de tus intenciones y devoción divina. Tener una buena relación con el dinero es estar al servicio del planeta. Una forma sencilla de honrar la divinidad en el dinero es poner billetes y monedas en tu altar como un reconocimiento del amor divino en toda la creación y de tu servicio al mundo a través de este trabajo.

Conecta con tu propósito en el mundo. Cuanto más grande sea tu propósito y conexión con él, más dinero entrará en tu vida. Tu propósito en la vida es ser la mejor versión de ti misma, la transmisión más limpia de la energía divina sobre este mundo. Más allá de la mente, los pensamientos, las proyecciones o los juicios, permitir que tu luz brille y que puedas compartirla con el mundo. Reconoce el dinero en cada transacción energética; por ejemplo, cuando entregas tus manualidades el mundo, en tu arte, tus servicios o tus productos. Observa con gratitud cómo los regalos y dones que te entregó la divinidad son utilizados en conjunto con la energía del dinero y la magia que se crea en la realidad con ellos.

Honra a tu tribu. Honra a las mujeres que te acompañan en esta senda y también a las que abrieron el camino de la liberación energética del dinero. Somos una comunidad de mujeres poderosas, generosas y amorosas que nos tenemos que apoyar y sostener en este recorrido. La conciencia colectiva es densa y la energía del dinero está muy contaminada por intereses, escasez y miedo. Juntas nos enseñamos que es posible generar dinero, mantenerlo y hacerlo crecer mientras también apoyamos al mundo. Las mujeres tenemos la capacidad de transformar muchas de las estructuras sociales que existen en torno al dinero, pero necesitamos respaldarnos mutuamente para que ello ocurra. Siéntete inspirada y agradecida por las mujeres que están abriendo este camino y te enseñan lo que es posible para ti también.

Protege tu relación con el dinero. Tu dinero es un reflejo de dónde pones tu energía sagrada y las transacciones que realizas con ella. Honra la energía como te honrarías a ti misma, entregando lo justo por cada transacción y teniendo claridad alrededor de lo que entregas. Las relaciones requieren no solo gratitud, presencia y amor; también es importante establecer límites sanos para protegerlas. Sé consciente de cómo entregas tus productos, servicios, tiempo y energía al mundo. ¿Lo haces de manera consciente? Del mismo modo en que cuidas y proteges tu cuerpo físico y tu energía, es importante honrar al dinero. Este respeto hacia él como un reflejo de tu energía es una de las claves que te garantizará que el dinero se quiera quedar contigo. El dinero ama estar en espacios en donde es nutrido con amor, protegido y reconocido.

Busca la fluidez en tu día a día. Las energías divinas aman la fluidez y el placer porque en términos de frecuencia es difícil entrar en un campo denso con energías de miedo o escasez. No necesitas más prueba de esto que sentir cómo fluyen tu vida y tus manifestaciones cuando estás enojada o en el miedo versus en el placer. Por ejemplo, los días que estás de mal humor y estresada, todo parece salir mal y tu campo energético se siente contraído. En cambio, cuando confías y fluyes con la vida, hay una energía de manifestación distinta y la vida te sorprende. El dinero es una energía que sirve como medio de transacción, por lo que siempre está en movimiento y necesita de esta fluidez. Conecta con el dinero a través de las cosas que te hagan sentir placer; por ejemplo, ir al spa, darte tu masaje, disfrutar de una comida deliciosa, bailar, tomar un baño o salir a caminar por la naturaleza.

Usa afirmaciones y visualizaciones para entrenar la mente. En este libro has aprendido que la función de la mente es buscarte oportunidades, recursos y situaciones alineados con la abundancia económica que deseas manifestar. Entrenar la mente es muy sencillo una vez que entiendes que ella todo lo escucha, procesa y clasifica según la frecuencia en la que entra y su beneficio para ti. Como ya has leído, su trabajo es mantenerte segura; entonces, cuando tú sientes placer, confianza y felicidad, la mente clasifica esa experiencia como algo seguro para ti. Si, por otro lado, la experiencia ha generado emociones de rabia o disgusto para ti, la mente evitará repetir esa situación y buscará otro camino.

La mente entiende el mundo que se basa en el pasado aprendido y refuerza la información nueva a través de la repetición y las visualizaciones. Las afirmaciones diarias que has recibido en este libro te ayudan fortalecer el código nuevo del dinero en tu mente y a que sea tu nuevo patrón inconsciente. Luego, las visualizaciones apoyan este proceso porque generan sentimientos de agradecimiento, placer y amor, lo cual sube tu frecuencia y aporta seguridad a la mente sobre el futuro. Con todas las herramientas que ya tienes, es muy fácil cambiar tu manera de ver el mundo; solamente tienes que querer el cambio y tomar la decisión de que tu realidad pasada ya no te define.

Genera ilusión por el futuro. El tener una ilusión por el futuro de tu relación con el dinero te ayudará a ver cómo los pequeños cambios que estás haciendo hoy en día dan frutos a largo plazo. Visualízate en un futuro disfrutando con el dinero, teniendo aventuras alrededor del mundo y viviendo todo aquello que tu corazón anhela. Permite que el dinero te enseñe lo maravilloso que puede ser lo que está por venir, y genera esa sensación de ilusión hacia un futuro aún desconocido, pero maravilloso. Recuerda que el trabajo de la mente es mantenerte segura cuando ella desconoce el futuro; naturalmente bloqueará muchas de las manifestaciones porque no confía en lo desconocido. Tu trabajo es hacer que tu mente confíe en que vas por buen camino. La ilusión por el futuro ayudará a que tu mente se sienta segura para buscar recursos, oportunidades y situaciones que apoyen el futuro que deseas vivir y que te lleven hacia él.

No te tomes tan en serio el juego de la vida. Esta vida es un juego y la relación con el dinero también. Juega con la energía del dinero retándote en las cantidades de dinero que entra en tu vida, no tomándote tan en serio ese flujo de dinero e invirtiendo en experiencias que te saquen de tu zona de confort. La vida es muy corta y el día de mañana no está garantizado. Insisto: el dinero no está diseñado para tomárselo tan en serio, especialmente si el estrés alrededor de tu situación económica te causa problemas de salud o afecta negativamente a tus relaciones. Cuando tu relación con el dinero es como un juego, te abres a las sincronías y reduces el estrés y la ansiedad en torno a esta energía.

Tú eres tu mejor inversión. Invertir en ti misma a través de experiencias, conocimiento y bienestar es lo mejor que puedes hacer con tu dinero. Los retornos que tendrás sobre la inversión en ti misma siempre serán exponencialmente más altos que cualquier retorno que te dé un instrumento financiero. Además, cuando inviertes en ti misma, le dices al universo que hay suficiente dinero en tu vida para nutriros a ti y a tus creaciones. De la misma manera, cuando no inviertes en ti misma, le dices al universo que no hay suficiente energía de transacción para ti y, por lo tanto, el universo te enviará de vuelta las experiencias que reflejen esa decisión. La cantidad de dinero que recibes en tu vida es directamente proporcional al impacto de tus creaciones sobre el mundo. Esto no significa que tu mensaje y tus creaciones tengan que llegar a millones de personas, sino que la frecuencia detrás de tus creaciones impacta al mundo de manera exponencial.

La inversión en conocimiento y habilidades es lo que ha transformado mi realidad económica. En los últimos años he invertido más de un millón de euros en mi conocimiento, educación y habilidades como mentora. Este monto me ha sido devuelto multiplicado exponencialmente a través de los libros, programas y servicios. Si no hubiera invertido en mí misma, no habría adquirido todo el conocimiento que tengo para apoyar a otros y también para generar mis ingresos actuales. La inversión en mí ha sido y continúa siendo la mejor inversión. Haz de invertir tu dinero en conocimiento, experiencias, en aprender habilidades y herramientas de crecimiento personal una prioridad. Prioriza especialmente aquellas herramientas que te ayuden a navegar por los cambios económicos personales y del mundo que vendrán en un futuro. Cuando inviertes en ti misma con herramientas y educación que te apoyan para el futuro, también obtienes resiliencia para poder hacer transiciones de carrera, generar ingresos de manera alternativa o tener nuevas formas de ingreso en caso de que lo necesitaras. El mundo está cambiando rápidamente, y la resiliencia y habilidad de hacer transiciones es fundamental para la expansión económica individual.

Las relaciones y el dinero

Una de las preguntas más comunes de mis alumnas es cómo cambiar las creencias del dinero de otra persona, especialmente la pareja o los padres. La respuesta es sencilla: no puedes cambiar la construcción mental del dinero de otro ser humano; solo puedes cambiar la tuya e influenciar positivamente a través de ella a otros. Como has leído en las páginas precedentes, hay muchos factores externos e historia de vida que influyen en el modo en que una persona se relaciona con el dinero. Todo lo vivido y aprendido forma un código energético que tiene una carga emocional; nosotras lo llamamos «el cristal del dinero», que es único para cada persona y cuya sanación es responsabilidad de cada uno. Además, cada ser humano tiene libre albedrío, lo que influye mucho en la manera en que toma las decisiones de cómo crecer, expandirse energéticamente y relacionarse con el cambio. Tu trabajo no es cambiar a los demás, sino influir positivamente a través de tu ejemplo y enseñar a otros cómo te relacionas con el dinero.

Una de las formas más impactantes de influir de forma positiva en el cristal del dinero de otros es actuar coherentemente con tu cristal y establecer límites sanos. Al hacer esto, contienes energéticamente la energía en ti y, como un espejo, permites que otros observen su propio cristal y vean las áreas de crecimiento en su relación con el dinero. Si tú eres responsable con tu energía, las transacciones energéticas e interacciones que tendrás serán equitativas y limpias, lo cual enseñará a través del ejemplo. No eres víctima del cristal del dinero de otros; tú decides para qué estás disponible en esa relación y estableces los parámetros para ella. Estos límites sobre tu energía muestran a otros el comportamiento que esperas de ellos y te permiten proteger tu cristal del dinero.

Es importante que te mantengas alineada con tus valores y tu verdad con relación al dinero cuando interactúes con los demás. Pero, al hacer esto, no trates de imponer ese cambio en otros, ni los rechaces por sus creencias con respecto a él. Invítalos a ver el mundo desde tu visión y observa cómo la influencia positiva puede generar un cambio en ellos también.

En términos de relaciones de pareja, esto funciona de la misma manera. No puedes obligar a tu pareja a pensar distinto ni a ver el mundo como tú lo ves; será imposible. Pero sí puedes compartir tu camino, lo que estás aprendiendo y cómo ha transformado tu vida. Luego, tu pareja decidirá si quiere también trabajar en su relación con el dinero o si es algo para lo cual no está disponible en este momento. Todos los seres humanos son libres de escoger cómo relacionarse con el dinero, y el tiempo en el que lo hacen siempre es perfecto.

Este espacio de relacionarse también es una buena oportunidad para que aprendas de ti misma, de tus patrones y de cómo creas tu realidad. Como ya sabes, «Cuando crees que se trata del dinero, nunca se trata del dinero». Observa cómo te relacionas con otros cuando intentas imponer tu verdad o cuando crees que las diferencias, dificultades o retos en las relaciones se basan en el dinero. Estos espacios de reflexión te ayudarán a fortalecer aún más tu cristal y a relacionarte mejor con otros.

Recuerda que tu necesidad de amor y aceptación en cualquier relación no depende del dinero. Eres amada por ser quien eres, y eso es suficiente. Libérate de la creencia de que el amor que entregas o recibes está relacionado con el dinero y ábrete a nuevas formas de relacionarte desde un espacio más allá de tu cristal del dinero. Sé muy honesta contigo misma y cuestiona cómo sostienes las relaciones en tu vida y si lo que permites se alinea con el amor que tienes por ti misma.

La envidia, los celos y el rencor por el dinero

La envidia y el rencor por el dinero son un patrón incentivado por el sistema económico actual y el código de comportamiento en la conciencia colectiva. Este sistema se basa en la escasez, la jerarquía y la distribución no equitativa de los recursos del planeta. Esto incentiva el miedo y la necesidad de mantener, guardar o acumular dinero por miedo a no tener suficiente. Creer que no hay suficiente dinero en el mundo para que todas las almas puedan vivir prósperamente es como decir que no hay suficiente aire para que todos puedan respirar. El dinero es una energía de transacción que, por su naturaleza, nunca se puede acabar.

Los patrones de envidia, celos y resentimiento tienen su origen en la separación de ti misma y también de la energía de transacción de la abundancia infinita. La envidia y los celos proceden de la creencia de que no eres merecedora de lo que ves en tu realidad o no te permites a ti misma experimentarlo en tu vida. La envidia es una mezcla de frecuencias y creencias, como el miedo, la falta de amor propio, la creencia de que no eres suficiente y la falta de conexión con la abundancia. Estas energías y creencias te enseñan un área en la que no te crees merecedora de lo que deseas experimentar. El resentimiento viene de la creencia de que a otros se les entregó algo que tú crees que debió haber sido tuyo. Al igual que la envidia, te está enseñando lo que no te crees merecedora de experimentar. Que otros tengan algo que tú deseas experimentar no significa que tú no puedas; todo lo contrario, está disponible para todos.

Los patrones de envidia, celos y resentimiento son una parte oscura de la conciencia colectiva de la que no se habla mucho en público, que no se enseña cómo manejar y que generalmente se esconde. Además, se ocultan detrás de conductas, comentarios y comportamientos que disfrazan estas energías, especialmente alrededor del dinero.

Algunos comportamientos que pueden sostener la energía de la envidia, los celos o el resentimiento son:

- Decirles a otros qué hacer con su dinero; juzgar o criticar los gastos de otro.

- Utilizar el dinero como manera de demostrar poder.

- Menospreciar a otros por su situación económica.

- Menospreciar la experiencia personal de otros por su situación económica.

- Buscar los puntos de sufrimiento, imperfección o dificultades de una persona con dinero.

- No compartir generosamente cuando tienes más que suficiente.

- No estar feliz por los logros de otros.

- Creer que cuando una persona con dinero sufre o tiene problemas se lo merece.

- No ver al ser humano detrás del dinero (deshumanizar) o condicionar el amor a cambio de dinero.

Estos patrones se sanan trayéndolos a la luz y reconociendo que son un reflejo de algo que aún debes sanar en tu cristal del dinero. Agradece al otro ser humano que hay tras ese comportamiento la gran lección que te entrega y la oportunidad de abrirte aún más a la abundancia.

Acepta que no todos van a estar felices por ti

La relación con el dinero es única y personal, y no necesita de la aprobación, opiniones ni juicios de otros sobre ella. Al igual que no permitirías que unos extraños comentasen tu relación de pareja o la que tienes con tus padres, te aconsejo considerar sagrada tu relación con el dinero. No necesitas justificar tus decisiones financieras, cuánto dinero quieres ganar, cómo gastas o cómo inviertes tu dinero. A la única persona a la que le tienes que rendir cuentas sobre tus decisiones es a ti misma, porque nadie más vive en tu realidad interna.

En los últimos años he recibido muchas opiniones sobre cómo gano dinero, cómo lo gasto y mi estilo de vida. Es inevitable, porque la conciencia colectiva todavía está normalizando las conversaciones del dinero, y esta energía aún tiene una carga energética densa que ha de ser limpiada. El dinero ha revelado las emociones y opiniones que otros tienen sobre mí, tanto las buenas como las malas, y a veces han supuesto lecciones dolorosas. Cuando mis ingresos personales aumentaron y me permití vivir una vida de lujos y viajes alrededor del mundo, me di cuenta de que no todas mis amistades se sentían felices por mí. Asimismo, fui testigo del resentimiento, los celos y la envidia presente en su cristal del dinero. Esto fue muy hiriente; tuve que aceptar que muchas personas cercanas me veían a través de su dolor y su cristal del dinero, en lugar de reconocerme desde el corazón. En los últimos años he hecho duelos muy profundos, y todo esto me llevó a reconocer aún más mi valor como persona, independientemente de la cantidad de dinero que tenga. Además, me ayudó a reconocer a otros desde el amor y el corazón, también independientemente del dinero que tengan. Entendí que el dolor colectivo por el dinero es tan grande que tiñe la visión de muchas personas, pero también que su visión del mundo no tiene que ser la mía y que no determina quién soy. Mi valor como persona no cambia porque otros lo puedan ver o reconocer. Yo valgo como ser humano con independencia de mi trabajo, mis ingresos o mis actos. Soy una creación divina que merece ser vista, reconocida y amada por la luz que proyecto sobre este mundo. Este fue el mayor aprendizaje de lo vivido con el dinero y las relaciones. Hoy en día mantengo transacciones energéticas, amistades y relaciones mucho más sanas, limpias y equitativas. Las personas en mi vida me quieren genuinamente por quién soy, al margen de cuánto dinero gano. No hay nada más bonito que ser vista y ver a otros por el ser de luz que son.

Libérate de tus propios juicios

Los juicios de otros sobre tu relación con el dinero penetran en tu campo cuando tú también tienes algún juicio, creencia, culpa o distorsión en tu cristal. Cuando dejes ir estos juicios sobre ti misma, dejarás de ser proyección para los juicios de otros. Tus decisiones respecto al dinero no pretenden agradar ni impresionar a otros; las tomas porque quieres vivir esas experiencias con él y estás en tu derecho. Algo que tengo claro es que la opinión de mis amigos, familia, colegas o extraños en las redes sociales no impide que haga lo que quiero hacer con mi dinero.

Te invito a que te liberes de los juicios internos por tus propias decisiones con respecto al dinero. Si quieres viajar alrededor del mundo en viajes de lujo, tener múltiples casas, donar todo tu dinero o dejarlo en el banco en un depósito de por vida, es tu decisión y estás en tu derecho. Por ejemplo, la crítica a las personas que viajan en avión privado o pagan decenas de miles de euros por una noche en un hotel de cinco estrellas no va a impedir que continúen con su estilo de vida. Tu opinión sobre sus lujos les genera gran indiferencia: su avión privado despegará aunque a ti no te parezca bien. Ocurre lo mismo con las proyecciones y los juicios sobre tu vida. La opinión que otros tengan de ti y tus decisiones no es tu responsabilidad. No obstante, debes liberarte tú misma primero de tus propias críticas y juicios internos. Libérate de los juicios sobre qué dirán o qué pensarán otros, ya que esto te dará más libertad para ser tú misma y vivir la vida que deseas. La opinión de otros sobre tu vida es responsabilidad de ellos, pero tu opinión sobre tu vida es tu responsabilidad.

 En www.mujerholistica.com/libro-amo-el-dinero tienes disponible una meditación guiada que te ayudará a liberarte de los juicios internos y abrirte a más libertad.

Oro líquido

- ¿Quién sientes que en este momento te juzga o critica por el dinero? ¿Podrías tener una conversación honesta, genuina, amorosa y transparente con esta persona sobre este tema? Si necesitas recursos adicionales para poder tener estas conversaciones, te recomiendo la herramienta de *Comunicación no violenta* de Marshall Rosenberg.

- ¿Qué amistades sientes que no te honran o respetan como desearías? ¿Cómo puedes comenzar a establecer límites sanos en ella? Esta reflexión es importante ya que el dinero puede amplificar aún más las dinámicas distorsionadas en una relación.

El juego de la vida

Uno de los misterios más grandes para tu mente es la frase «Tengo miedo de lo que los otros vayan a pensar de mí». Esto es un gran misterio para tu mente, puesto que está trabajando constantemente en mantenerte segura e identificar riesgos. Cuando utilizas el sintagma «los otros» para referirte a un grupo de personas, la mente no puede identificar exactamente a quién te refieres y esto causa una gran fuga energética. No sabe si hablas de tus colegas, de la gente de la alta sociedad de tu país, de las compañeras de tu colegio o de amigos de amigos, y, por lo tanto, invertirá mucha de su energía en encontrar la respuesta, que la mayoría de las veces no existe. Esta fuga energética puede sentirse como un bloqueo o como si estuviera paralizada, y esto ocurre porque tu mente te protege de un peligro que no existe pero que es muy real en el momento.

Te invito a que investigues a quiénes te refieres exactamente cuando piensas en «los otros» y a que los cites con su nombre y apellidos. Esto ayuda a tu mente a identificar a la persona y el patrón de comportamiento con él o ella. Una vez identificado, es más fácil para ti poder trabajar ese bloqueo o miedo en la relación.

Separaciones familiares y el dinero

Mis padres se separaron cuando yo era adolescente. Fue una separación muy difícil, ya que mi familia se dividió en dos y, a simple vista, el dinero fue la razón de las discusiones, peleas y lucha de poder de mis padres. Esto causó mucho dolor a todo el sistema familiar y fue lo que propició que hiciera mucho trabajo personal para poder sanar.

El trabajo personal y luego con la energía del dinero me llevó a entender que este se utilizó como excusa para discutir, pero que no era la raíz de los problemas. Lo que viví en ese entonces me ayudó a entender mejor mi mundo hoy y me trajo muchas bendiciones, como el poder ayudar a miles de mujeres, aprender a ahorrar y ser más consciente del dinero. Sin embargo, la bendición más grande que me trajo el trabajar energéticamente con el dinero es que me ayudó a perdonar a mis padres. Perdonar es recibir todo con amor incondicional. Hoy puedo abrazar a esa niña adolescente que estaba confundida y asustada por el dinero, y decirle que no pasa nada, que el dinero no era el culpable, que no debo temerle y que ella está segura en la abundancia.

Si has vivido o estás viviendo una situación similar, sea como hija o como madre, es importante que hagas el trabajo de separar el dinero de los otros problemas o discusiones que pueda haber con tus padres, hijos o pareja. Trae amor y compasión por lo que has vivido, y toma la decisión consciente de que la situación cambiará porque así lo decides tú. Si sientes culpa debido a asuntos económicos que afectan a tus niños, necesitas liberarte de esa carga para poder avanzar y brindarles una mejor oportunidad a ellos también. Cargar con la culpa no os beneficia ni a ti ni a ellos. El trabajo de cambiar tus creencias del dinero es un gran regalo que les haces a tus hijos y la mejor inversión en su futuro, porque, gracias a tu nueva mentalidad, ellos no crecerán en la escasez y el miedo por el dinero.

Si por otro lado hay remordimientos por decisiones financieras equivocadas que llevaron a un divorcio difícil y afectaron a tu familia o tu empleo, es momento de perdonarte y escoger una nueva relación consciente con el dinero. Tienes derecho a ser feliz y entablar una relación sana con el dinero e independiente del pasado. Si necesitas apoyo profesional para esa transición y lo que conlleva, pídelo. Es importante buscar apoyo y rodearte de las personas, herramientas y frecuencia que te respaldan en los grandes cambios de tu vida. Finalmente, felicítate por este trabajo que estás realizando. Cuando haces el trabajo de sanar la relación con el dinero, también sanas a las generaciones pasadas, las futuras y la conciencia colectiva en el momento presente.

¿Es egoísta querer más dinero?

Es inevitable que en el camino de ganar más dinero escuches o te cuestiones si eres egoísta por querer más dinero. El egoísmo se define como un exceso de amor hacia ti misma y el interés propio por encima de los intereses de los demás o el bien común.

Todo el trabajo que has realizado en este libro con el dinero es completamente opuesto a la definición del egoísmo. En este trabajo has aprendido la importancia de sanar el dolor ancestral, de apoyar la frecuencia de la conciencia colectiva y de cómo el dinero en manos conscientes puede transformar el planeta. Tu cristal del dinero se basa en los principios y valores que deseas ver en el mundo por el bien de todos.

Si en algún momento cruza por tu mente la creencia de que eres egoísta o la escuchas en boca de alguien, observa que no es la verdad. Si una persona te dice que eres egoísta, ten presente que está viendo el mundo desde su cristal del dinero, el cual quizá no sostiene los mismos valores o la misma visión del mundo que el tuyo. Observa ese tipo de comentarios con amor y toma la decisión consciente de no responder a ellos. Tú sabes bien cuál es tu verdad, los valores de tu vida y el camino que has tomado. No hay necesidad de que aceptes creencias que van en detrimento de ti y del mundo.

El juego de la vida

Esta realidad es como un juego; en todo momento escoges qué experiencias quieres tener y cómo las quieres vivir. El mayor servicio que puedes ofrecer al mundo es vivir tu felicidad y compartir el amor. Cuando estás en la frecuencia del corazón, las personas a tu alrededor se ven beneficiadas incluso sin que tú digas una sola palabra. Tu sola presencia sana y trae alegría a otros. Cada vez que hagas algo para traer más felicidad y amor hacia ti misma, reconoce que también estás aportando cosas positivas al planeta.

Cada vez que sonrías, hagas algo por cuidar de tu cuerpo físico o te honres a ti misma, di en voz alta: «Estoy haciendo un acto de amor por mí y también por todo el planeta». Luego visualiza que la conciencia colectiva te lo agradece con una sonrisa y que le respondes: «De nada». Tus decisiones son importantes y son un regalo para la colectividad. Nunca te avergüences de buscar tu felicidad y sostener tu luz; es el mejor acto de servicio al planeta que puedes realizar. Yo también te agradezco que estés haciendo tu trabajo e impactando positivamente en el mundo.

El futuro económico del planeta

La conciencia colectiva es una construcción compleja formada por la suma de las conciencias individuales de los miles de millones de personas que habitan el planeta junto con los códigos sociales, las creencias colectivas, los patrones de comportamiento y las historias del pasado. Visualiza la conciencia colectiva como una gran nube, llena de información y de circuitos eléctricos en constante comunicación, que cubre todo el planeta. Esa gran nube influye constantemente en la manera en que pensamos y, al mismo tiempo, nuestra frecuencia y nuestros pensamientos influyen en ella.

La madre naturaleza sostiene esta conciencia colectiva y la realidad de todas las almas del planeta con mucho amor, nutriéndolas a todas por igual. El planeta Tierra es increíble debido a la gran variedad de idiomas, culturas, religiones, tradiciones y formas de vivir que coexisten sobre él. Eso es lo que hace que sea un lugar tan lleno de riqueza y oportunidades de crecimiento.

El futuro económico de la Tierra depende de la decisión que tome la colectividad en cada punto del tiempo. Un solo ser humano no puede decidir sobre la vida de billones de personas, pero la conciencia de una persona sí puede influir sobre la conciencia global y sí tiene un impacto real sobre el planeta.

Tú no puedes cambiar la relación del dinero de cada persona, pero sí puedes cambiar la tuya y así aportar tu grano de arena a la conciencia colectiva. Además, cuando trabajas tu relación con el dinero, influyes en las personas que te rodean, las ayudas a mejorar la suya, lo cual crea un efecto multiplicador en el planeta.

La economía mundial siempre está en movimiento, cambia constantemente. Tus mejores herramientas son la resiliencia, tu relación con el cambio y tu capacidad de invertir en ti misma. Desde esta posición, no importa el cambio que se produzca en el plano económico: tú siempre podrás posicionarte para la expansión y la abundancia. Esto te ayudará a responder a los cambios económicos con poder y certeza, y no desde una posición de víctima. Los cambios a nivel colectivo siempre son un juego de frecuencias que se gana sosteniendo la más alta posible, incluso en medio de la dificultad.

Compasión por otros

La compasión te enseña la dualidad y tus apegos, y revela la verdad divina en toda interacción. Sentir compasión por la situación de otros es extender el sentimiento de amor y aceptación dejando de lado el juicio, el castigo o el análisis de sus actos. Esto no justifica los actos de otros ni los convierte en correctos. Es entender que lo que sucede es parte de la dualidad del mundo y que, más allá de eso, hay algo más grande que lo une todo: el amor divino. La compasión te recuerda que toda la creación está conectada.

Ten compasión por las personas que no han trabajado su relación con el dinero como lo has hecho tú y que hoy se hallan en la frecuencia del miedo o la escasez. Gracias a las interacciones con ellas, tú también has aprendido a pulir tu cristal del dinero y qué áreas de crecimiento tienes aún. Sin estos grandes maestros no habrías tenido la oportunidad de profundizar en tu relación con el dinero.

Las relaciones siempre son grandes maestras espirituales, y esto es especialmente cierto con la familia. Gracias al dolor, los aprendizajes y la fuerza de nuestros ancestros, hoy tenemos la oportunidad de vivir una vida completamente distinta. Gracias al dolor, el crecimiento y el aprendizaje de nuestros padres, hoy podemos hacer este trabajo. Y también gracias a todo lo que fue en el pasado podemos cambiar el futuro. Honra a todos los que vinieron antes de ti, a los que están en tu vida y a los que vendrán después de ti, porque todos te llevan a la expansión. Es la creación divina cumpliendo su propósito de manera perfecta.

El juego de la vida

«¿Por qué hay personas que hacen daño en el mundo y, aun así, ganan grandes cantidades de dinero?» y «¿Por qué el dinero sigue manifestándose para ellas, aunque sus transacciones energéticas no son limpias?» son preguntas que me plantean con frecuencia mis alumnas.

Cada ser humano nace con libre albedrío, y la madre naturaleza sostiene todas las realidades sin juicio. Ella las nutre a todas y las ama del mismo modo. Todas las almas tienen su propio recorrido y sus lecciones por aprender en esta vida. Es muy probable que las que esa alma escogió no estén relacionadas con el dinero. Tal vez son las grandes lecciones de lealtad, traición o justicia. No todas las lecciones de vida tienen que ser las mismas ni tratar del dinero.

La verdadera pregunta en el juego de la vida no versa sobre el que hace daño; la pregunta es: ¿por qué a ti te molesta que otros hagan el mal y, aun así, ganen dinero? Observa si:

- Ves el dinero como el gran premio final del juego de la vida.
- Crees que el dinero es el comodín de la felicidad.
- Te juzgas por la manera como ganas dinero.

- No te permites ser completamente libre y feliz con el dinero.
- Crees que el dinero es limitado y si otros lo tienen te impiden tenerlo tú.
- Crees que el dinero equivale a la felicidad.

Tu expansión y crecimiento dependen de localizar los bloqueos que te impiden amar, aceptar y sentir compasión hacia todos los seres del planeta. Ahí es donde está el oro líquido para ti y la fuente máxima de riqueza.

Somos los custodios de la nueva frecuencia del dinero

El trabajo que acabas de realizar en este libro es importante para sanar el pasado, el presente y el futuro. El mundo necesita que más personas conscientes y conectadas con el corazón sean custodias de la frecuencia del dinero. Eres tú, la que entiende la construcción mental del dinero y ha aprendido cómo relacionarse con él, la que tiene las herramientas para transformar el mundo. Ya has podido observar que los problemas y retos mundiales no tratan del dinero, sino del nivel de conciencia de los seres humanos y la conciencia colectiva.

Tú eres la que custodia la nueva frecuencia del dinero, lo que significa que sostienes temporalmente la energía del dinero en tu campo y luego la entregas de vuelta en servicio al mundo. Custodiar el dinero no significa sostenerlo para siempre ni que te pertenece, sino que se te entrega para cuidar de él, nutrirlo, protegerlo y luego permitir que regrese al mundo cuando sea el momento.

Las reglas de custodio temporal del dinero:

- Honras el dinero y reconoces su poder divino.

- Entiendes que no se trata del dinero en la cuenta bancaria, sino del impacto que creas sobre el planeta.

- Reconoces que la finalidad del dinero es servir al mundo y que es tu responsabilidad entregarlo de vuelta.

- Entiendes que el dinero es energía en movimiento que siempre debe fluir y que no puedes intentar aferrarte a él ni controlarlo.

- Sabes que estás aquí para crear algo más grande que una suma de dinero: estás aquí para ser tú misma en tu máxima expresión.

- Estás dispuesta a fluir y rendirte sin controlar tu relación con el dinero, abierta a que penetren nuevas ideas, frecuencias y patrones a tu vida.

- Compartes generosamente con el mundo esta nueva información del dinero.

- Sabes que la abundancia infinita viene de la conexión con la madre naturaleza y su amor infinito.

- Te conectas con la energía de la afluencia, permitiendo que entre y salga el dinero de tu vida en distintas formas y manifestaciones siempre en abundancia.

- Entiendes que el dinero te proporciona libertad y que esa libertad conlleva responsabilidad con respecto a él.

- Honras la relación contigo misma, con otros y con el dinero. A través de lo que dices, expresas, haces y compartes con otros, creas contratos. Es por medio de las relaciones como la nueva frecuencia del dinero se manifestará en el plano de la realidad.

El mundo necesita a más personas conscientes sosteniendo, nutriendo y amando el dinero. Normalicemos que más personas conscientes tengan dinero e incentivemos esto en el mundo. Solamente así podremos entregarlo a las causas, relaciones e interacciones que apoyen a la madre tierra y que honren individualmente a cada ser humano. Es esta relación consciente con el dinero lo que transformará el mundo.

Para finalizar...

Nunca se ha tratado del dinero.
Se ha tratado de tu libertad.

A partir de este momento tú decides
lo que significa el dinero para ti.

Amar el dinero es un servicio al mundo.
Ser feliz es un servicio al mundo.
Sostener la frecuencia del amor
es un servicio al mundo.

Tienes derecho a ser millonaria,
a vivir la vida que siempre has deseado.
Y a ser feliz con dinero.
Feliz.
Generosa.
Amorosa.
Compasiva.

Próspera.
Millonaria.

Porque es tu derecho divino ser libre.

Reclama los fragmentos de ti que se han perdido
en la conciencia colectiva y en los condicionamientos
a través de la historia.
Es una reclamación de tu soberanía.
Memoria por memoria, imagen por imagen,
historia por historia...
Reclama el poder olvidado y trae todo
al momento presente.
Todo encaja perfectamente,
como un rompecabezas divino frente a ti.
Cada pieza es un espejo que forma el todo.

Esa eres tú.
Al frente de este espejo.
Eres todos los fragmentos de ti unidos en este reflejo.
Eres la suma de cada recuerdo, cada historia,
cada momento, cada identidad,
cada pensamiento.

En un solo momento presente, un momento anclado
en la conciencia divina.

Viendo y reconociéndote divina.
Todo se disuelve y regresa al amor.
Pura conciencia divina en forma.

Obsérvate en el espejo.
Ya no eres la voz que escuchas ni el pensamiento.
Obsérvate como el amor divino que eres.

Todo regresa a la fuente de origen.
Tú y el dinero sois, y siempre seréis,
un reflejo del amor divino.

Gracias por tu servicio al mundo.

«Para viajar lejos no hay mejor nave que un libro».
EMILY DICKINSON

Gracias por tu lectura de este libro.

En **penguinlibros.club** encontrarás las mejores
recomendaciones de lectura.

Únete a nuestra comunidad y viaja con nosotros.

penguinlibros.club

 penguinlibros